Georg
Bitter
Verlag

Helmut Ballot

Das Haus der Krokodile

Eine Kriminalgeschichte

Mit Bildern von Norbert Theißen

Georg Bitter Verlag

 Gesetzt aus der Aldus-Buchschrift. Gesamtherstellung Hieronymus Mühlberger, Augsburg. Einband von Norbert Theißen.
ISBN 3 7903 0020 9

1 *Was würdest du da tun?*

Gesetzt den Fall, du kommst nach Hause, alle sind ausgegangen, und du weißt genau, niemand außer dir ist in der Wohnung. Plötzlich siehst du in einem Wandspiegel ganz im Hintergrund einen Fremden. Du siehst ihn nur für Sekunden, dann ist er verschwunden wie ein Spuk. Aber du weißt genau, du hast jemanden gesehen, jemanden, der auf unerklärliche Weise durch verschlossene Türen in die Wohnung gelangt ist, jemanden, der jeden Augenblick wieder auftauchen kann, hinter dir, vor dir, neben dir — was würdest du da tun?
Viktor Laroche war gerade zwölf Jahre alt, als er unversehens vor diese Frage gestellt wurde. Es war die Zeit, als sich erste Gedanken, einmal den Beruf eines Detektivs zu ergreifen, in ihm rührten und er damit anfing, sich täglich Notizen über seine Umwelt zu machen. Dank dieser Aufzeichnungen ist es heute nach vielen Jahren überhaupt möglich, die seltsamen Ereignisse so wahrheitsgetreu zu schildern, wie sie sich damals in einer Villa in Berlin-Charlottenburg zugetragen haben, in deren obere Etage die Familie Laroche gerade erst eingezogen war. Aber fangen wir an:

Mit großen Plänen und noch größerer Ungeduld erwartet, war endlich der Tag gekommen, an dem Viktors Eltern in aller Frühe zu ihrem Erholungsurlaub aufbrachen, den sie diesmal auf ausdrücklichen Wunsch des Vaters — wie er sagte, »endlich mal aus allem raus« — allein verbringen wollten. Die drei Larocheschen Kinder: Louise, Cora und Viktor, hatten diesen Beschluß mit gerade so viel pflichtschuldiger Betrübnis aufgenommen, wie keine Gefahr bestand, daß er ihnen zuliebe wieder umgestoßen wurde. Nur die bereits zwanzigjährige Louise hätte es am liebsten gesehen, wenn

Viktor und Cora zu guter Letzt doch mit auf die Reise genommen worden wären. Die ihr zugedachte Aufgabe, auf ihre jüngeren Geschwister aufzupassen, paßte so gar nicht in ihre Pläne — in Viktors auch nicht.

An dem Tag nun, als die Eltern verreisten, wollte es der Zufall, daß Viktor früher als gewöhnlich aus der Schule kam. Auf dem Heimweg freute er sich schon darauf, die Wohnung vorübergehend ganz für sich zu haben; denn Cora, die ein Jahr älter war als er, kam erst gegen dreizehn Uhr aus der Schule und Louise erst um sechzehn Uhr aus ihrer Modezeichenschule, wo sie sich im letzten Ausbildungsjahr befand. In der Hand trug Viktor den neuesten Fortsetzungsband der Kriminalserie »Die Todesfalle« und eine soeben erstandene Tüte preiswerter Cremehütchen. Es sollte ein doppelter Genuß werden: die spannende Fortsetzung des Krimialheftes, in dem er während der Schulpausen gerade bis zu der Stelle gekommen war, wo der Held der Geschichte geknebelt und wie eine Mumie verschnürt tief unter der Erde in einem Abwässerschacht lag, neben sich eine tickende Zeitbombe . . . und dazu die Cremehütchen, die erst so richtig schmecken, wenn man mit mehreren Schlucken Wasser gründlich nachgespült hat.

Als zukünftiger Detektiv ging er natürlich nicht geradewegs nach Hause, sondern auf Umwegen. Auch trat er hier und dort mit überraschender Kehrtwendung in einen fremden Hausflur, aus dem er dann unter halbgeschlossenen Augenlidern nach rechts und links spähte, ehe er seinen Weg fortsetzte. Die um die Jahrhundertwende erbaute, auf einem Eckgrundstück gelegene Villa betrat er auch nicht von der breiten, in Nord-Südrichtung verlaufenden Hauptstraße her, wo sich im schmiedeeisernen Zaun die immer verschlossene Gartenpforte befand, sondern er kletterte an der die Hauptstraße rechtwinklig schneidenden Nebenstraße über den Zaun. Auf diese Weise wollte er irgendwelche gedungenen Mörder täuschen, die sich womöglich in der Wohnung ver-

steckt hielten und denen er eine böse Überraschung zu bereiten gedachte. Darum ging er auch nicht auf dem von Rasen flankierten Gartenweg um das Haus herum, sondern schlich sich im Schatten der das Dach überragenden hohen Kastanien dicht im Schutze der Hauswand entlang.
Auf der Innenseite der rechtwinklig angelegten, an ihrem Scheitelpunkt durch einen hervorspringenden, achteckigen Turm abgerundeten Villa befand sich die Haustür. Sie war von der Straße nicht einzusehen. Hier war es still und abgeschieden wie in einem Burghof. Eine dickstämmige Platane breitete ihre Krone über den gepflasterten Innenhof. Düster ragten die Fassaden der hohen Mietshäuser in den Himmel, die vor ein paar Jahren auf dem Grundstück, das die Villa umgab, erbaut worden waren. Kaum einmal drang ein Sonnenstrahl in den Hof herab. Kein Wunder, wenn Viktors Mutter schon bald nach der Übersiedlung behauptete: »In dieser ewigen Dämmerung sieht man eines Tages noch Gespenster!«
Ehe Viktor die schwere, eichene Haustür aufschloß, schickte er einen prüfenden Blick zu den Fenstern der Etage hinauf, die sie bezogen hatten. Da waren das Fenster seiner Schwestern, das breite Fenster des sogenannten Durchgangszimmers und das schmale Fenster seiner Kammer. Bedenkliche Anzeichen bemerkte er nicht, aber gerade solche äußere Ruhe ist oft verdächtig! Er betrat den großen Rundbau des zu einem Viertel vorgebauten Treppenhauses. Zwielicht empfing ihn. Leise stieg er die breite, gewundene Treppe hinauf, vorbei an der Wohnung der Witwe Debisch und höher hinauf bis zur oberen Etage, die sie bewohnten. Leise schloß er die breite Wohnungstür auf und fragte sich dabei wieder einmal, warum wohl diese große, mit Schwertlilien- und Girlandenmotiven verzierte Milchglasscheibe in die Tür eingelassen sei. Die Vorsichtsmaßnahme eines Sicherheitsschlosses wurde dadurch jedenfalls überflüssig; denn wer hier eindringen wollte, brauchte nur das Glas einzudrücken.

Im Halbdunkel der großen Diele mit ihren schwarz gebeizten Möbeln im Danziger Barock befiel Viktor die beklemmende Vorstellung, daß er jetzt allein in der Wohnung war, einer Wohnung, deren hohe, weitläufige Zimmer so angelegt waren, daß man darin stundenlang im Kreis gehen konnte, ohne mit jemandem zusammenzutreffen, der sich in dem Zimmerlabyrinth etwa versteckt hielt und nicht entdeckt werden wollte. Viktor verwünschte seine Idee von den gedungenen Mördern, und mit leichtem Herzklopfen trat er seinen bewährten Rundgang durch die Wohnung an, bei dem er keinen Schrank ausließ, in keinem Winkel, unter keinem Bett und hinter keinem Vorhang nachzusehen versäumte. Erst wenn er alles durchsucht hatte, würde er sich etwas sicherer fühlen. Hatten sich doch gerade in letzter Zeit die Einbrüche in diesem Stadtteil gemehrt, besonders seit Beginn der Urlaubszeit; von dieser Einbruchswelle waren meist Wohnungen betroffen, deren Inhaber verreist waren.
Er wollte seinen Rundgang wie gewöhnlich in dem Zimmer seiner Schwestern beginnen. Es lag gleich links von der Wohnungstür und hatte zu den vorderen, im Halbkreis um die Diele liegenden Zimmern weiter keine Verbindung. Ehe er die Türklinke ergriff, fiel ihm der Degen an der Wand im Herrenzimmer ein. Mit einer Waffe in der Hand würde er sich Überraschungen gegenüber besser gerüstet fühlen. Er ging ins Herrenzimmer, nahm den Degen von der Wand und zog ihn aus der Scheide. Vor dem großen, reichverzierten Kaminspiegel blieb er stehen. Der Spiegel hing genau gegenüber dem Durchgang zum Clubzimmer. Viktor machte gerade mit gestrecktem Arm einen Ausfall und betrachtete mit Wohlgefallen sein degenfechterisches Spiegelbild. Da sah er plötzlich in dem Spiegel etwas, das sein Blut erstarren ließ. Deutlich erschien ganz hinten in dem Spiegelbild zwischen den Vorhängen des Durchgangs vom Clubzimmer zum dahinterliegenden Salon eine menschliche Gestalt mit unheimlich stumpfen Gesichtszügen. Die Gestalt stutzte, blieb

stehen und verschwand nach rückwärts durch die Portieren . . .
Viktor verharrte wie erstarrt in seiner Ausfallstellung, dann stieß er einen furchtbaren Schrei aus, hieb und focht blindlings mit dem Degen um sich und stürzte in das Zimmer seiner Schwestern. Krachend warf er die Tür hinter sich zu und schob den Riegel vor. In der Mitte des Zimmers blieb er stehen, jeden Augenblick gewärtig, die Türklinke von unbekannter Hand bewegt zu sehen. Während er wie gebannt auf die Klinke starrte, jagten sich die Gedanken in seinem Kopf: Daß er jemanden gesehen hatte, stand felsenfest. Die im Hintergrund des Spiegelbildes aufgetauchte Gestalt hatte sich ihm mit der Schärfe eines Blitzes eingeprägt, besonders das formlose, fahle Gesicht.
Viktor glaubte nicht an Gespenster — oder meinte, nicht daran zu glauben, aber nun war er fast so weit. Wie sollte denn jemand in die verschlossene Wohnung gelangt sein, die vor kaum drei Stunden noch vom Trubel des Aufbruchs der Eltern erfüllt war? Doch es war jemand da, auf unerklärliche Weise war er in die Wohnung eingedrungen, und welche Absichten er auch verfolgte, es bestand Grund genug zu schlimmsten Befürchtungen.
Aus seinen Überlegungen — er wußte nicht, ob inzwischen eine Ewigkeit oder nur eine Viertelstunde vergangen war — schreckte ihn das Klingeln des Telefons auf. In regelmäßigen Abständen schrillte metallisch die Glocke. Es traf ihn wie ein Donnerschlag. Das Telefon stand auf dem Schreibtisch im Herrenzimmer. Viktors erster Gedanke war: Der Anruf steht in unmittelbarem Zusammenhang mit der unheimlichen Erscheinung. Man will mich aus dem Zimmer locken, um mir draußen den Garaus zu machen!
Das aufreizende Klingeln riß ihn hin und her, am liebsten wäre er hingelaufen, um endlich zu wissen, wer da anrief. Nur die Furcht, in eine Falle zu geraten, hielt ihn im Zimmer zurück. Endlich hörte das Klingeln auf. Die darauffolgende

Stille legte sich wie ein Alpdruck auf ihn. Er nahm Geräusche wahr, die für gewöhnlich vom Tageslärm verschluckt werden. Einmal hörte er schleichende Schritte, dann summte, dann rauschte es, bald näher, bald entfernter. Ein Möbelstück knackte, und hinter der Tapete rieselte Kalk. Im anderen Zimmer ging jemand, gedämpft drang das Tapp-Tapp der Schritte durch die Wand, Hundegebell, dann läutete es an der Wohnungstür. Viktor preßte sein Ohr gegen die Wand, mit Erleichterung hörte er Frau Debischs scharf akzentuierte Stimme: »Rolf, bei Fuß! Pfui, Rolf!«

Mit Frau Debisch waren die Laroches weitläufig verwandt. Sie war die verwitwete Schwägerin eines jüngeren Cousins von Viktors Großvater väterlicherseits. Diesem Cousin, er hieß Christfried Debisch, gehörte die Villa. Er hatte früher die obere Etage bewohnt, sie aber dann mitsamt allem Inventar an Viktors Vater vermietet, weil er sich endgültig in sein Landhaus im Südwesten Berlins zurückziehen wollte. In der Verwandtschaft wurde er allgemein »Onkel« genannt.

Viktor überlegte: Er würde ungefähr sieben Schritte zu laufen haben. Er schob den Riegel zurück, riß die Zimmertür auf und stürzte mit vorgehaltenem Degen zur Wohnungstür. Mit dem Degen in der Hand öffnete er. Als erster zwängte sich Rolf herein, Frau Debischs Schäferhund. Er sauste nach rechts um die Ecke und verschwand durch das an die Diele grenzende Durchgangszimmer in Richtung Korridor und Küche. Dort, in der Küche, stand für ihn immer ein Freßnapf bereit. Frau Debisch sah das nicht gern, aber ihr gebieterisches Rufen: »Hierher, Rolf! Bei Fuß, Rolf!« stieß auf taube Ohren bei ihm. Er war alles andere als ein gut abgerichteter Schäferhund, und seit er einmal auf der Straße von einem Auto angefahren worden war, schienen sich bei ihm die normalen Hundeinstinkte etwas verrückt zu haben. Fremde begrüßte er schwanzwedelnd, Bekannte fuhr er bellend an, und gelegentlich biß er wahllos Freund oder Feind. Man war seiner nie ganz sicher.

Neben Frau Debisch stand ihr Schwiegersohn, Herr von Strichninsky, der mit ihrer ältesten Tochter Marianne verheiratet war. Er war ein Mann Ende Vierzig, der, wie Viktors Vater sagte, das Kunststück fertigbrachte, zu existieren, ohne jemals gearbeitet zu haben.
Frau Debisch sagte vorwurfsvoll: »Hast du so fürchterlich geschrien? Das klang ja, als würde jemand umgebracht. Wieso bist du denn nicht in der Schule?« Sie sah Viktor mit hochmütigen Augen und spitzer Nase forschend an. Es war kein Geheimnis, daß sie gegen den Einzug der Laroches in die Villa gewesen war. Viktor stotterte etwas von einem Fremden, den er im Spiegel gesehen hätte, und daß er heute zufällig früher aus der Schule gekommen wäre. Daß seine Eltern verreist waren, wußte sie sowieso. »Was, ein Fremder hier in diesem Haus?« Frau Debisch wandte sich erstaunt gegen Herrn von Strichninsky. »Das ist doch wohl nicht gut möglich!«
Herr von Strichninsky zuckte mit den Schultern: »Warum nicht? Aber wenn einer da ist, müßte er ja zu finden sein. — Wo willst du ihn denn gesehen haben?«
Jetzt, da er nicht mehr allein war, und unter den forschenden Augen der beiden wurde Viktor zusehends unsicherer, bis er selbst zweifelte, ob er überhaupt jemanden gesehen hatte. Vielleicht war alles nur Einbildung gewesen! Er erzählte, wo und wie ihm die seltsame Gestalt aufgefallen sei und daß er sich dann im Zimmer seiner Schwestern eingeschlossen habe.
»Also hast du das Telefon gehört«, sagte Frau Debisch streng.
»Ja, aber ich dachte, man wollte mir eine Falle stellen«, erwiderte Viktor. Ihm schoß durch den Kopf: Woher weiß Frau Debisch, daß bei uns das Telefon geklingelt hat!
Frau Debisch schüttelte mißbilligend den Kopf: »Wer sollte dir eine Falle stellen — ich habe angerufen! Ich wollte wissen, was passiert ist. Das Gebrüll klang ja entsetzlich!«

Herr von Strichninsky ergänzte: »Wärst du nur ans Telefon gegangen, du hättest dir viel Angst erspart. Trotzdem, durchsuchen wir doch einmal die Wohnung; der Kerl müßte ja noch zu finden sein!«
Beide traten ein. Von Rolf war immer noch keine Spur zu sehen. Herr von Strichninsky sah auf dem Dielentisch den Band der Kriminalgeschichte, den Viktor vorhin dort abgelegt hatte. Er zeigte darauf und sagte gedehnt: »Ach, so etwas liest du!«
Viktor nickte flüchtig und tat, als wäre der Band rein zufällig in seine Hände geraten. Herr von Strichninsky lachte: »Kein Wunder, solltest weniger solche Räuberpistolen lesen. — Doch wo geht es nun lang?« Als ob er nicht wußte, wo die einzelnen Zimmer lagen.
Sie begannen mit dem Herrenzimmer. Es war, von links angefangen, das erste der im Halbkreis um die Diele gelegenen Vorderzimmer. Die Zimmer waren untereinander durch türlose, mit Vorhängen versehene Durchgänge verbunden, besaßen aber jeweils eine zur Diele führende, verschließbare Tür. Viktor zeigte auf den Spiegel: »Darin sah ich ihn!«
Herr von Strichninsky schüttelte ungläubig den Kopf und hob den Spiegel etwas ab. »Vielleicht sitzt er dahinter?« sagte er ironisch.
Natürlich war niemand hinter dem Spiegel. Sie durchsuchten den Raum. Weder hinter den gerafften Übergardinen der hohen Fenster noch unter dem Schreibtisch entdeckten sie den Eindringling. Frau Debisch zeigte auf den Schreibtischstuhl: »Hier saß Onkel immer.« Viktor kannte schon ihre Gewohnheit, auf alle möglichen Einrichtungsgegenstände zu zeigen und dabei zu betonen: »Das war Onkels Zeitungsständer, Onkels Bücherschrank, Onkels Rauchtisch ...« Es klang wie ein gegen die Laroches gerichteter Vorwurf.
In dem mit alten, verschlissenen Rokoko-Möbeln eingerichteten Salon blieb sie vor dem Sekretär stehen: »Den liebte Onkel besonders. Hier bewahrte er seine privatesten Dinge

auf. Cäcilie sollte ihn einmal bekommen — ein Unglück, daß sie nicht mehr lebt!«

Cäcilie war Onkels einzige Tochter. Es war ein paar Tage nach ihrem zehnten Geburtstag gewesen, als sie auf unerklärliche Weise vom eisernen Treppengeländer vor dem Turmzimmer stürzte. Sie soll auf der Stelle tot gewesen sein. Frau Debisch schloß, von der Erinnerung überwältigt, in beherrschtem Schmerz die Augen und nickte hoheitsvoll mit dem Kopf. Das tat sie immer in Momenten, in denen sie an Cäcilie erinnert wurde — und dabei lag der Unglücksfall doch schon zwanzig Jahre zurück.

Herr von Strichninsky bückte sich, mit einem zierlichen Schlüssel in der Hand richtete er sich wieder auf. »Gehört der zum Sekretär? Er scheint herausgefallen zu sein.«

Viktor nickte, und Herr von Strichninsky steckte den Schlüssel wieder in das Schlüsselloch der hochgeklappten Schreibplatte. »Schade«, sagte Viktor. »Jetzt sind Ihre Fingerabdrücke auf dem Schlüssel.«

Herr von Strichninsky stutzte, dann verzog sich sein Gesicht zu einem schiefen Lächeln: »Stimmt, aber dein geheimnisvoller Besucher hat sicher noch woanders Abdrücke hinterlassen. Wenn nicht, dann war ich's am Ende!«

So war das natürlich nicht gemeint. Frau Debischs weißhaariger gepflegter Damenkopf — Viktor mußte bei diesem Anblick immer an das Übungsmenuett ›Puder und Reifrock‹ denken — ruckte empört zu Herrn von Strichninsky herum. »Aber ich bitte doch!« sagte sie mit Nachdruck.

Sie setzten den Rundgang fort. Rolf war wieder aufgetaucht. Von Frau Debischs fortwährendem »Such, such!« angestachelt, fegte er blindlings durch die hohen Zimmer. Dabei riß er Viktor einmal von hinten fast um. Viktor erschrak sehr, ließ sich aber nichts anmerken. Jedesmal, wenn sie ein Zimmer durchsucht hatten, schloß er dessen zur Diele führende Tür von innen ab. Als ihn Herr von Strichninsky nach dem Grund fragte, erklärte er ihm seine erprobte Methode:

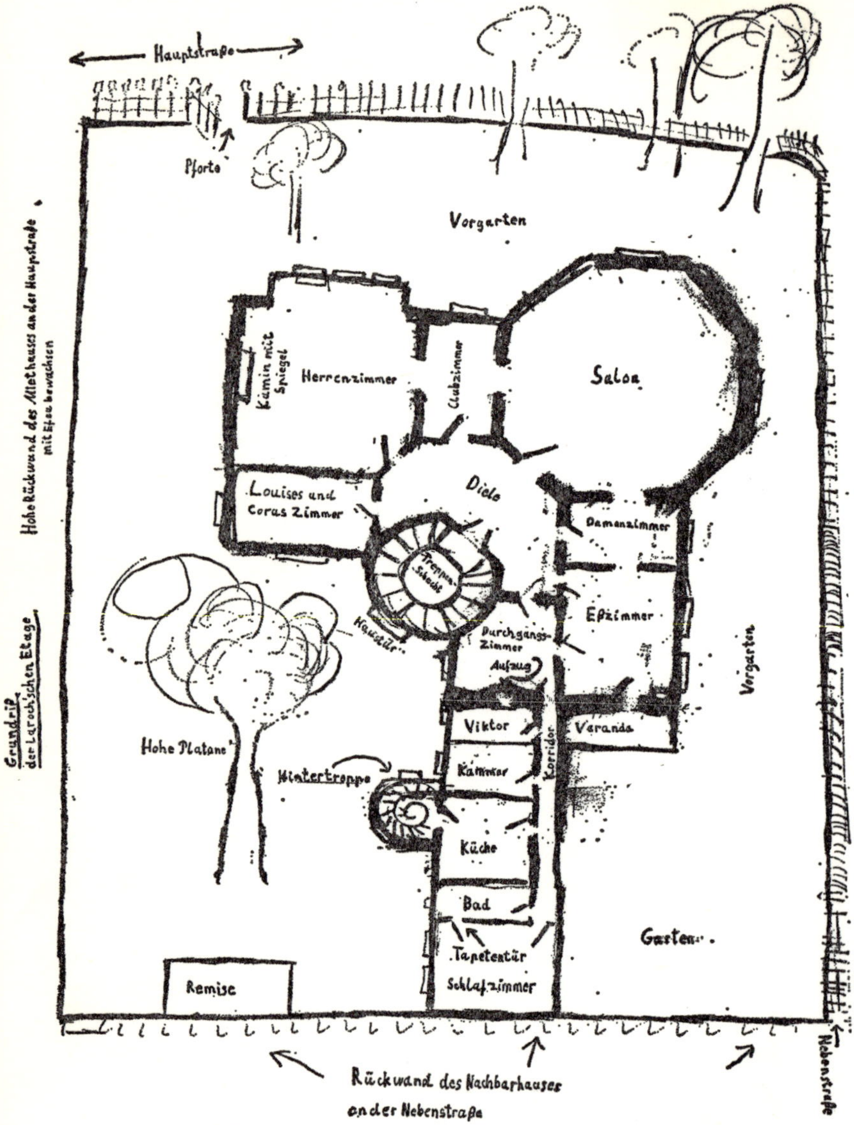
Grundriß
der Laroch'schen Etage
Hauptstraße
Pforte
Vorgarten
Hohe Rückwand des Miethauses an der Hauptstraße
mit Efeu bewachsen
Kamin mit Spiegel
Herrenzimmer
Clubzimmer
Salon
Diele
Louises und Coras Zimmer
Damenzimmer
Treppen-Schacht
Haustür
Eßzimmer
Durchgangs-Zimmer
Aufzug
Vorgarten
Hohe Platane
Viktor
Veranda
Korridor
Kammer
Hintertreppe
Küche
Bad
Tapetentür
Schlafzimmer
Garten
Remise
Rückwand des Nachbarhauses
an der Nebenstraße
Nebenstraße

»Ich mache das immer so. Dann kann sich hinter meinem Rücken nämlich niemand in ein schon durchsuchtes Zimmer einschleichen.«

»Du bist ja der geborene Detektiv, aber deine Berechnung hat einen Haken«, sagte Herr von Strichninsky dazu.

»Welchen denn?« fragte Viktor.

»Verschlossene Türen sind kein Hindernis für Gespenster!«

Das war wieder so ein Seitenhieb. Viktor hatte schon geglaubt, man könne mit Herrn von Strichninsky sachlich reden. Aber nun war es klar, daß er für ihn nur ein kleiner Junge mit überspannten Ideen war. Überhaupt schienen die beiden seine aufregende Entdeckung nicht sonderlich ernst zu nehmen. Von Frau Debisch wunderte das Viktor besonders. Sie war überaus ängstlich und schloß sich jede Nacht mit ihrem Hund im Schlafzimmer ein. Es war schon mehr als einmal vorgekommen, daß sie die Laroches aus dem Schlaf klingelte, weil sie irgendwelche verdächtigen Geräusche im Haus oder im Vorgarten hörte.

»Das ist ihr schlechtes Gewissen, das läßt sie nicht schlafen«, hatte Viktors Mutter einmal dazu gesagt, und Viktor hatte gerade noch gehört, wie sein Vater vorwurfsvoll dazu gemurmelt hatte: »Wie kannst du so etwas behaupten, es war doch nicht ihre Schuld, daß Cäcilie abgestürzt ist.« Cäcilie war nämlich nach dem frühen Tode ihrer Mutter ganz der Obhut von Frau Debisch übergeben worden; dies war auch der eigentliche Grund, warum Onkel Debisch seiner Schwägerin die untere Etage als Wohnung eingerichtet hatte.

Nachdem sie die vorderen Räume ohne Ergebnis durchsucht hatten und wieder zur Diele zurückgekehrt waren, betraten sie das Durchgangszimmer, das rechts an die Diele anschloß. Es stellte die Verbindung her zu dem hinteren, langen Korridor, an dem der Reihe nach Viktors Kammer, die Mädchenkammer, die Küche, das Bad mit Toilette und quer zum Korridor als Abschluß das Schlafzimmer der Eltern lagen.

Im Durchgangszimmer wagte Viktor kaum noch den großen

Kleiderschrank zu durchsuchen, die ganze Aktion kam ihm selbst schon lächerlich vor. Trotzdem beruhigte es ihn, als Herr von Strichninsky den Schrank öffnete. Allerdings sagte er wieder mit unverhohlener Ironie: »Auch hier niemand!« Er klopfte sogar die Wände ab, sah unter den großen Nähtisch und hob den Deckel der Nähmaschine ab, dabei blickte er herausfordernd zu Viktor herüber.

Vor dem stillgelegten Speiseaufzug blieb Herr von Strichninsky stehen. Er zeigte auf die große, schranktürartige Klappe in der Wand: »Was ist das?«

Frau Debisch erklärte ihm, daß hier früher bei Onkels großen Gesellschaften die fertig angerichteten Speisen von ihrer Wohnung heraufbefördert wurden. »Wie du weißt, führte ich Onkels Haushalt, und Onkel war sehr anspruchsvoll. Aber der Aufzug ist schon lange außer Betrieb. – Was hast du überhaupt mit dem Aufzug?« schloß sie ungeduldig.

»Augenblick, liebe Schwiegermama, wenn schon durchsucht wird, dann gründlich!« erwiderte er bestimmt.

Sich Viktor zuwendend, fragte er: »Gibt es einen Schlüssel für den Aufzug?«

Seit sie hier eingezogen waren, war die Aufzugtür immer verschlossen, einen Schlüssel hatte Viktor nie gesehen. Er sagte, daß er von einem Schlüssel nichts wisse.

Aber Frau Debisch behauptete: »Natürlich existiert ein Schlüssel, er muß hier oben sein. Aber du machst den Jungen noch ganz wirr, schließlich ist der Aufzug stillgelegt, seit wir damals den hinteren Gebäudeteil anbauen ließen.«

Das stimmte. Wie Viktor gehört hatte, waren der lange Korridor, sein Zimmer, die Mädchenkammer, dahinter die Küche und das Schlafzimmer mit Bad nachträglich angebaut worden. Ursprünglich war die eine Wand des jetzigen Durchgangszimmers zugleich Außenwand der Villa gewesen.

Herr von Strichninsky gab sich damit nicht zufrieden, er sagte: »Trotzdem werde ich den Aufzug nachher einmal gründlich untersuchen. Du gestattest doch?«

»Den Schrank rück' aber gefälligst wieder dahin, wo er gestanden hat!« erwiderte Frau Debisch gereizt.

Daß in Frau Debischs Wohnung ein Schrank vor der Aufzugstür stand, wußte Viktor. Er hatte es gesehen, als er einmal bei ihr war. Herr von Strichninsky beendete dieses Thema, indem er Viktor versprach, ihn von dem Ergebnis seiner Untersuchung zu unterrichten. Allerdings setzte er wieder ironisch hinzu: »Zu deiner Beruhigung!«

Jetzt waren nur noch die hinteren Räume zu durchsuchen: zunächst der lange, dunkle Korridor und gleich rechts davon Viktors Zimmer. Es war eigentlich nur eine Kammer mit einem einzigen schmalen Fenster, das sich in der Ecke neben der Trennwand zum Durchgangszimmer befand.

»Und hier haust du!« stellte Herr von Strichninsky interessiert fest. »Ist ja die reinste Räuberhöhle!« Er sah sich gründlich in der Kammer um, obwohl man mit einem Blick feststellen konnte, daß sich hier niemand verborgen hielt.

Frau Debisch war mit Rolf weiter durch den Korridor gegangen, man hörte Rolfs Freßnapf in der Küche klappern. Als Viktor und Herr von Strichninsky auch die Mädchenkammer ohne Ergebnis durchsucht hatten, folgten sie nach.

Viktors erster Blick galt der eisenbeschlagenen, mit einem schweren Riegel gesicherten Hintertür, die zum Hinteraufgang führte. Vor der Tür stand Frau Debisch, der Riegel war vorgeschoben. Herr von Strichninsky hatte den gleichen Gedanken wie Viktor; denn er zeigte auf den Riegel und sagte bestimmt: »Hier kann er nicht entwischt sein.«

Das war klar: Man kann nicht durch eine Tür gehen und dann von draußen den innen befindlichen Riegel vorschieben. Es blieb also nur noch der Rest des Korridors mit dem Badezimmer und dem elterlichen Schlafzimmer, wo sich über dem Bett des Vaters hinter einem Bild ein in die Wand eingelassener, kleiner Tresor befand. Seit Onkel Debisch vor kürzerer Zeit Herrn Laroche überraschend zu seinem Testamentsvollstrecker eingesetzt hatte, lag hier unter anderen wichtigen Papieren auch Onkels wohlversiegeltes Testament. Viktor ging sofort an die Stelle, wo sich der Tresor befand, und hob das Bild von der Wand ab. Der Tresor war verschlossen und zeigte auch keine Spur von versuchter Gewaltanwendung.

Frau Debisch, die mit betontem Respekt vor einem fremden Schlafzimmer in der Tür stehen geblieben war, sah mit leicht gerunzelter Stirn zu, wie Viktor das Bild wieder vor den Tresor hängte. Es war bekannt, daß Onkel ursprünglich sein beträchtliches Vermögen ausschließlich zur Sicherung Cäcilies, seines einzigen Kindes, bestimmt hatte und erst nach ihrem Ableben eine weitere Erbteilung vorgesehen war. Nun war Cäcilie schon lange tot, und es bestanden keine Zweifel, daß Frau Debisch, die sich Onkel immer unentbehrlicher gemacht hatte, an die Stelle der Haupterbin aufgerückt war. Onkel hatte allerdings durch die Inflation sein ganzes Vermögen bis auf die Villa und das Landhaus verloren, ein Umstand, der Viktors Vater die grimmige Bemerkung erlaubte: »Die Alte hat ihr ganzes Leben umsonst bei Onkel geliebdienert, da bleibt nicht viel, wenn Onkel einmal die Augen zumacht.«

Sie waren am Ende der Wohnung angelangt, und nachdem sie auch im Schlafzimmer nicht die geringste Spur gefunden hatten, wußte Viktor kaum noch, ob er nun froh oder enttäuscht sein sollte. Einerseits fiel ihm ein Stein vom Herzen, andererseits mußte er sich fragen, ob er wohl ganz richtig im Kopf sei: Gespenster sehen, das ist manchmal ein erstes Anzeichen! Er wußte darum auch gleich, was Herr von Strichninsky meinte, als er von ihm an der Wohnungstür gefragt wurde, ob er in der Schule denn immer so mitkomme!

Erst als Frau Debisch und Herr von Strichninsky gegangen waren und Viktor mit sich und seinen Gedanken wieder allein war, sagte er sich, daß man doch nicht Dinge sieht, die nicht existieren! Er lud für alle Fälle sein Luftgewehr und

schloß sich in seiner Kammer ein. Den Degen tauschte er gegen den russischen Kavalleriesäbel aus, der stets griffbereit neben seinem Bett stand. Für ein hitziges Handgemenge schien er ihm geeigneter. Dann legte er sein Lasso für einen längst in alle Einzelheiten durchdachten Fluchtplan zurecht. Er befestigte es an einem Bettpfosten seines eisernen Bettgestells und ließ es zur Probe durch das geöffnete Fenster hinab. Es baumelte vor Frau Debischs Fenster und schlängelte sich weiter abwärts gerade bis zum Erdboden. Als unter ihm Rolf aufgeregt das vor seiner Nase baumelnde Seil durch die Scheibe anbellte, zog er es schleunigst wieder hoch. Er legte das Lasso in sorgfältig aufgeschossenen Buchten zurecht. Daneben legte er zum Schutz der Hände ein Paar ausgedienter Schweißerschutzhandschuhe aus Leder. Er hatte sie in kluger Voraussicht gelegentlich in einem Trödlerladen billig erstanden. Es sollte ihm nicht passieren, daß er sich beim überstürzten Hinabrutschen die Hände aufriß!
Er musterte den unter ihm liegenden, gepflasterten Innenhof. Er bot den gewohnten Anblick: rechts der halbrunde Vorbau des vorderen Aufgangs, rechtwinklig dahinter das Fenster des Zimmers seiner Schwestern, ihm gegenüber die hohe, rohe Wand des an der breiten Durchgangsstraße gelegenen Nachbarhauses, deren Häßlichkeit durch die davorstehende Platane wenigstens zum Teil verborgen wurde, und gleich links von Viktors Fenster die graue Wand des ebenfalls hervorspringenden Hintertreppenaufgangs, der ohne Beleuchtung und besonders nachts ein ungemütlicher Ort war. Noch von früher her befand sich an seiner Eingangstür ein weißes Emailleschild: Aufgang für Dienstboten.
Gerade wollte Viktor vom Fenster zurücktreten, als die Haustür aufging; heraus trat Herr von Strichninsky. Er ging ein paar Schritte nach rechts in Richtung Gartenpforte, blieb stehen und kramte zerstreut in seinen Taschen. Dabei fielen ihm ein Portemonnaie, ein Flaschenheber, ein Stück Florstoff

und ein flacher, rechtwinklig abgebogener Draht mit Ringgriff aus der Tasche. Ein Dietrich, dachte Viktor. Herr von Strichninsky bückte sich und sammelte umständlich wieder alles ein. Unwillkürlich tastete Viktors Hand nach dem neben ihm stehenden Luftgewehr . . . natürlich tat er's nicht. Nur in Gedanken pfefferte er Herrn von Strichninsky eine blaue Bohne in den Hintern. »Hoffe, du weißt jetzt, mit wem du es zu tun hast!« murmelte er.

Als sich Herr von Strichninsky um die Hausecke entfernt hatte, spähte Viktor nach einem weniger verfänglichen Ziel. Die pelzigen Kugelfrüchte der Platane waren ein oft anvisiertes Ziel für seine regelmäßigen Schießübungen. Wenn man so eine Frucht genau in der Mitte traf, zerstob sie zu einer kleinen Wolke: Blattschuß!

Viktor zielte sorgfältig und lange, doch dann nahm er die Büchse ab, ohne geschossen zu haben: So dumm war er nicht, den einzigen Schuß im Lauf auf nichtige Ziele zu verschwenden, während man vor seiner Tür nur darauf wartete, daß er mit leergeschossener Flinte wehrlos dastand!

2 *Cäcilies Tagebuch*

Gegen dreizehn Uhr kam Cora aus der Schule. Von ihrer Freundin Karla war sie bis an die Haustür begleitet worden. Dort standen sie und redeten und redeten. Zwischendurch machten sie Anstalten, sich zu trennen, fingen wieder an zu reden und fanden kein Ende. »Was die Weiber immer zu quatschen haben!« murmelte Viktor hinter seinem Versteck am Fenster.

Endlich schloß Cora die Haustür auf, aber zwischen Tür und Angel verbrachten die Mädchen noch geschlagene fünfzehn Minuten, ehe sie sich endgültig trennten. Eine Plastillinkugel, die er Karla nachwarf, verfehlte leider ihr Ziel. Karla bemerkte es nicht einmal, als das Stückchen Knetmasse hinter ihr aufschlug. Erst als Viktor an der Wohnungstür schließen hörte, verließ er seine Kammer und ging Cora entgegen. »Länger konntet ihr wohl nicht quatschen«, begrüßte er sie.

Cora sah nur spöttisch auf seine Bewaffnung.

Er platzte heraus: »Aber daß ein Einbrecher in der Wohnung war, interessiert dich wohl gar nicht!«

Cora zeigte ihm einen Vogel und verschwand in ihrem Zimmer. Viktor folgte ihr. »Ach, du denkst, ich sehe wieder mal Gespenster! Aber diesmal war wirklich jemand hier; ich sah ihn deutlich im Spiegel — im Herrenzimmer!«

Cora schlug die Augen nach oben. »Verhafte ihn doch!« sagte sie gelangweilt. Sie warf ihre Schultasche in eine Ecke, ging an den Kleiderschrank und riß wahllos einige Sachen heraus. Schließlich verschwand sie mit halbem Oberkörper im Schrank und warf Strümpfe, Wäsche und Pullover hinter sich. Viktor dachte: Wenn ich ihr einen Stoß gebe, fällt sie in den Schrank, und ich kann sie darin einschließen. Aber dann hatte er einen anderen Einfall. Unter den herausgewühlten Sachen lagen auch Strümpfe von Louise. Er hob einen Strumpf und zog sich sein breites Ende über den Kopf. Bei einem zufälligen Blick in den Spiegel erschrak er unwillkürlich: Stumpf und unheimlich sah ihn ein formloses Gesicht aus dem Spiegel an.

»Da!« rief Viktor. »Genauso sah er aus!«

Cora tauchte aus dem Schrank auf, sie zuckte zusammen: »Idiot, einen so zu erschrecken!«

Viktor ging ganz dicht an sie heran. »Ich bin der Mann mit der Strumpfmaske, ich werde euch alle umbringen!«

Ein Tritt gegen sein Schienbein war Coras Antwort. Viktor wollte den Tritt zurückgeben, aber Cora sprang zur Seite. »Doof und langsam!« spottete sie.

Sie rannten durch die ganze Wohnung, Türen knallten, Perserbrücken verrutschten auf dem blanken Parkett, kreuz und quer ging die wilde Jagd. Frau Debisch hatte sicher wieder einmal Grund, kopfschüttelnd zur Zimmerdecke zu schauen.

Endlich ging Cora in eine Falle; sie lief in den langen Korridor, der im Schlafzimmer der Eltern mündete und wo es kein Entrinnen mehr gab. Aber dann entwischte sie gerade noch durch die Toilettentür, riegelte zu, und als Viktor vom Schlafzimmer aus durch die Tapetentür in das Bad eindringen wollte, hatte Cora auch hier zugeschlossen. Sie frohlockte: »Besetzt!« und ließ anhaltend das Wasser rauschen.

Viktor hämmerte gegen die Tür: »Mach auf, ich muß da rein!«

Aber nur das Wasser rauschte. Der unsinnige Gedanke überfiel ihn: Cora liegt ermordet im Bad! Da schrillte das Telefon, das ein zweites Läutwerk am Anfang des Korridors hatte. Viktor hörte mit Hämmern auf, auch das Wasserrauschen in der Toilette brach ab. »Cora, das Telefon klingelt«, sagte er durch die Tür. Seine Stimme klang unsicher und belegt. Keine Antwort von drinnen, erst als es wieder schrillte, antwortete Cora: »Na und!«

Viktor flüsterte fast: »Geh doch mal ran, wer weiß, wer da anruft!«
»Geh du doch ran«, erwiderte Cora, aber sie schloß die Tür auf und kam heraus. Es schrillte immer wieder, Viktor fühlte sich gar nicht wohl. Sie standen im Herrenzimmer vor dem unablässig rasselnden Telefon. Endlich nahm Viktor den Hörer ab. »Hier bei Laroche«, meldete er sich. Totenstille, nur ein leises Knacken im Hörer. Ein unheimliches Gefühl beschlich Viktor.
Cora stieß ihn in die Seite. »Wer ist denn da?« flüsterte sie. Viktor wiederholte lauter: »Hier bei Laroche, wer ist dort?« Wieder keine Antwort. Der Teilnehmer meldete sich nicht. Aber es mußte jemand am anderen Ende der Leitung sein, sonst hätte das Amtszeichen tönen müssen. Nach einer Weile legte Viktor den Hörer auf die Gabel. Er sah Cora vielsagend an: »Vorhin der Fremde, jetzt der mysteriöse Anruf — da stimmt etwas nicht!«
Cora machte eine abwehrende Geste: »Du mit deinen Hirngespinsten! Es kann doch jemand falsch verbunden sein.«
»Und dann sagt er kein Wort und hängt auch nicht auf?«
Das fand Cora allerdings auch etwas ungewöhnlich. Sie zuckte mit den Schultern und sagte: »Auf jeden Fall, heute nacht verrammle ich meine Tür.«
»Wenn das etwas nützt!« murmelte Viktor düster.
Als Louise heimkam, berichtete er ihr von dem rätselhaften Vorfall. Sie lachte ihn glatt aus, daß es schon eine Kränkung war. Viktor gegenüber fühlte sie sich sehr erwachsen, ständig schulmeisterte sie an ihm herum. Ihre stehende Redensart war: »Du könntest ruhig etwas mehr Kavalier sein!« Ein Wort, das Viktor besonders ärgerte. Er ließ Louise stehen und sagte, daß sie von diesen Dingen nichts verstünde, und überhaupt sei es ihm egal, ob sie ihm glaube oder nicht.
Den Rest des Tages verbrachte er damit, die Wohnung zu durchstreifen, Türen zu untersuchen und Wände abzuklopfen. Zwischendurch stand er gedankenvoll einmal an die-

sem, dann an jenem Fenster und beobachtete hinter den Gardinen Straße und Passanten. Aber alles war wie immer, alltäglich und ohne Besonderheit. Nur für Viktor war die Welt verändert, und in seinem Kopf drehte es sich im Kreise: Wer ist der Fremde, wie kam er in die Wohnung, wie kam er wieder hinaus, was wollte er und — wird er wiederkommen?

Als Viktor zum erstenmal an diese Möglichkeit dachte, erschrak er. Zu wissen, daß jemand durch verschlossene Türen und Fenster in einer Wohnung ein und aus gehen kann, ist beunruhigend. Noch beunruhigender ist es, wenn man nur allein davon weiß; aber es könnte einen geradezu um den Verstand bringen, wenn einem niemand glaubt. Viktor sah sich vor die Wahl gestellt, entweder an seinem Verstand zu zweifeln oder das Rätsel zu lösen.

Im Salon beschäftigte er sich längere Zeit mit dem aus Onkel Debischs Besitz stammenden Sekretär. Ein auf zierlichen Füßen stehendes, schwarz poliertes, mit verschnörkelten Bronzebeschlägen verziertes Rokokomöbel, das immer an ein und derselben Stelle stand, links neben dem in die Wand eingebauten, imitierten Kamin. Dort hatte der Sekretär schon gestanden, als die Familie Laroche hir einzog. Viktor fragte sich, ob der Schlüssel nur zufällig herausgefallen war oder ob ihn jemand beim überstürzten Schließen der Schreibplatte verloren hatte. Allerdings konnte auch Cora den Schlüssel fallengelassen haben. Sie bewahrte im untersten Schubfach ihre Klaviernoten auf. Fingerabdrücke festzustellen, dazu fehlten Viktor leider die Hilfsmittel, er mußte sich ganz auf seine Kombinationsgabe stützen. Die sagte ihm, daß ein heimlicher Besucher am ehesten etwas in Schreibtischen, Sekretären und Tresoren sucht.

Er öffnete die mit rotem Leder ausgelegte Schreibplatte, zog die dahinter liegenden kleinen Schubfächer auf und kramte zwischen Siegellackresten, Petschaften, Münzen aus der Kaiserzeit, Inflationsgeld (ein Brot soll damals eine Million

Mark und mehr gekostet haben!), vergilbten Rechnungen, Briefen, Ansichtskarten, Tabakdosen und Schachteln. Auch ein kleines, ausgestopftes Lederkrokodil fand er hier. Es hatte geschliffene Glasaugen, die wie Diamanten funkelten. Es ähnelte dem Krokodil, das bei Onkel im Landhaus auf dem Schreibtisch lag. Auch Viktors Vater besaß solch ein Krokodil. Onkel hatte es ihm einmal geschenkt. Überhaupt schien Onkel eine Vorliebe für kleine, ausgestopfte Krokodile zu haben. Denn einmal hatte Viktor beobachtet, wie Onkel die Lade einer großen Kommode aufzog, um irgend etwas darin zu suchen, und da hatte er eine ganze Menge dieser Ledertiere in der Lade liegen gesehen.

In einem Fach lag eine Seidenschleife, eine dunkelblonde Haarlocke und das auf steifem Karton aufgezogene Foto eines Mädchens: Cäcilie, Onkel Debischs tödlich verunglückte Tochter. Oft genug hatte Viktor schon den Sekretär durchstöbert und dabei gehofft, auf etwas Besonderes oder gar ein Geheimfach zu stoßen. Jedesmal geriet ihm dabei dieses Foto in die Finger, das er dann immer lange und interessiert betrachtete: Neben einem blumengeschmückten Podest präsentierte sich ein ungefähr zehnjähriges Mädchen, herausgeputzt mit Schleifen, bebändertem Strohhut und steif abstehendem, weißem Kleid, unter dem weiße Spitzenhöschen hervorsahen. Alles wirkte steif und gestellt — und doch war da etwas, das ihn nicht losließ: die groß und furchtsam geweiteten Augen des Mädchens auf dem Bild.

Heute besah sich Viktor das Foto besonders aufmerksam. Und je länger er es ansah, desto sprechender schienen diese Augen zu werden, bis er den Eindruck hatte, sie riefen pausenlos um Hilfe. Viktors Fantasie geriet in Bewegung. Diese Augen hatten vielleicht den eigenen, frühen Tod vorausgesehen, und niemand hatte das für ernst genommen. Unwillkürlich zog Viktor Vergleiche zwischen Cäcilie und sich. Auch er hatte etwas gesehen, das bei nüchterner Überlegung nur Ausgeburt einer überhitzten, wenn nicht gar krankhaften Fantasie sein konnte, falls man nicht dazu neigte, übersinnliche Dinge für möglich zu halten. Von Cäcilie erzählte man in der Verwandtschaft hinter vorgehaltener Hand, daß sie nicht ganz richtig im Kopf gewesen sei; aber das traf doch nicht auf ihn zu! Vielleicht lag über diesem Haus ein geheimnisvoller Fluch, ein Verhängnis, das Onkels Tochter in den Tod getrieben hatte. Wer konnte wissen, ob sie nicht in dem Augenblick, als sie sich spielerisch und mit leichtem Gruseln über das Treppengeländer beugte, ein ebenso erschreckendes Erlebnis gehabt hatte wie er? Warum sollte denn ein zehnjähriges Mädchen so mir nichts dir nichts über ein Geländer abstürzen, das stabil und hoch genug war, jemanden, der dort ausgeglitten oder gestolpert wäre, aufzufangen?

Viktor steckte das Foto in seine Gesäßtasche und suchte weiter. Aber soviel er auch an dem Sekretär klopfte und tastete, ein verborgener Mechanismus trat nicht in Aktion. Er klappte die Schreibplatte des Sekretärs wieder hoch, schloß ab und ging in das über dem Salon liegende Turmzimmer, wo ein großer Teil von Onkels aussortierten Sachen lagerte. Dorthin gelangte man über die Vordertreppe, wo oben unter dem Dach ein ähnlicher Vorplatz war wie vor den darunter gelegenen Etagen. Von hier ging es zum Turmzimmer, zu einigen kleineren Mansarden und nach rechts zum großen Trockenboden mit daran anschließender Waschküche und zu weiteren Bodenräumen. Jedesmal, wenn Viktor die Treppe zum Turmzimmer hinaufging, mußte er an Cäcilie denken; es war, als hätte sich der Schrei des herabstürzenden Mädchens für immer in den Mauern dieses nie von einem Sonnenstrahl erhellten Treppenhauses verewigt. — Viktor beeilte sich, an der Stelle vorbeizukommen. Im Turmzimmer schloß er hinter sich ab und atmete auf, obwohl Grund genug gewesen wäre, besonders hier hinter den wahllos gestapelten Möbeln, Vasen, Truhen, Lampen, Ölgemälden, Sesseln und Kisten jemanden zu vermuten. Doch hier war es wenigstens hell. Es war das freundlichste Zimmer im ganzen Haus und bot einen weiten Ausblick über die Straßenkreuzung. In früheren Zeiten hatte es Onkel Debischs südafrikanischem Kompagnon, einem Herrn Mörlin, als Arbeitszimmer zur Verfügung gestanden, wenn dieser sich in Berlin aufhielt. Jetzt war es zur Rumpelkammer degradiert, etwas, das Viktor nie verstand. Es lag wohl daran, daß Herr Laroche es nicht über sich brachte, das alte Gerümpel des von allen verehrten und bewunderten Onkels fortzuwerfen. War doch auch der Grund, in diese Villa einzuziehen, in der man sich ganz in die Zeit der Jahrhundertwende zurückversetzt fühlte, ganz persönlicher Natur. Es war für Herrn Laroche die Erfüllung eines schon in frühester Jugend geleisteten Schwurs: einmal als vermögender Mann in diese Villa einzuziehen. Als Junge, kaum älter als Viktor, hatte er so manches Mal bei dem vermögenden Onkel um geldliche Unterstützung anklopfen müssen, wenn sein Vater, also Viktors Großvater, wieder einmal Schiffbruch mit einer seiner phantastischen Erfindungen oder irgend einer anderen Unternehmung erlitten hatte. Bei einem dieser Bittgänge ließ ihn Frau Debisch — die damals schon das heimliche Regiment hier führte — zwei geschlagene Stunden vor der Gartenpforte auf und ab gehen, angeblich, weil Onkel sein Mittagsschläfchen hielt. Viktor dachte manches Mal daran, wie es wohl damals in seinem Vater ausgesehen haben mochte — als armer Verwandter und Bittsteller!

Wie immer, wenn er hier oben herumstöberte, trat er zuletzt wieder zu den leicht angerosteten Degen, die dem Fenster gegenüber an der Wand hingen. Sie stammten aus Onkel Debischs Besitz, der in jungen Jahren eifriger Anhänger des Degenfechtens gewesen war. Viktor zog einen der ledernen Fechthandschuhe über, setzte sich eine verstaubte Fechtmaske auf und stellte sich zum Zweikampf. Sein erprobter Gegner war eine Schneiderbüste. Ihr schwarzer Stoffbezug war schon von manchem Duell kreuz und quer aufgeschlitzt und zer-

stochen. Damit die Büste nicht bei jedem Treffer umfiel, stellte er sie auf einen zerschrammten Ledersessel.
Er eröffnete den Zweikampf mit heiserem: »Ah! Hab ich Euch Schurken endlich vor der Klinge!« Seine ersten zwei Ausfälle saßen so gut, daß er »Trefflich, trefflich!« ausrief. Danach wollte ihm keine rechte Terz oder Quart mehr gelingen, seine Angriffe fielen zu kurz aus oder glitten vom Wams des Gegners ab. Als fairer Kämpfer sparte er nicht mit Lob: »Ihr mögt ein guter Fechter sein, aber wisset, vor Euch steht Viktor Laroche!«
Als das die Büste nicht beeindruckte, knirschte er: »So machet Euer Testament, Gott vergeb Euch Euren Hochmut!« Er holte weit über den Kopf aus und .... unversehens erhielt er einen Schlag ins Genick. Zutiefst erschrocken machte er einen Satz, stolperte und fiel der Länge nach auf den Sessel.
Vorübergehend herrschte Totenstille, ruhig schien die Sonne durch die drei erblindeten Fenster in das staubdurchflimmerte Turmzimmer. Als nichts weiter geschah, drehte sich Viktor vorsichtig um. Weder der unheimliche Fremde noch der graue Mönch stand hinter ihm. Auf dem Boden lag zerbrochen eine der Glasschalen des mehrarmigen, von der Zimmerdecke herabhängenden Kronleuchters. Viktor hatte sie mit der Degenspitze heruntergeholt.
Bei dem Sturz waren seine ausgestreckten Hände zwischen das ausgeleierte Sitzpolster und die Rückenlehne des Sessels geraten. Wie er nun bei dem Versuch, sich aufzurappeln, fester in den Sessel hineingriff, stieß er mit der einen Hand auf einen papiernen Gegenstand. Neugierig zog er ihn heraus. Es war ein in marmorierte Pappe eingebundenes Schulheft, auf dessen Etikett in schräger, steifer Schrift »Cäcilie Debisch« stand. Welch ein Fund! Viktor vertiefte sich sogleich in das Heft. Schon nach den ersten Seiten war ihm klar, daß er auf ein Tagebuch von Cäcilie gestoßen war, allerdings auf ein Tagebuch ganz besonderer Art. Denn sie hatte ihre Anmerkungen zu den einzelnen Tagen nicht niedergeschrieben,

sondern alles, was sie erlebt hatte, was sie der Erinnerung wert fand, in Zeichnungen festgehalten. Es hieß von ihr, sie habe eine ausgesprochene Begabung fürs Zeichnen gehabt. Die gelegentlich mit einem Datum oder einem danebengekritzelten Satz versehenen Bleistiftzeichnungen wirkten sehr lebendig und übten einen ganz besonderen, anregenden Reiz aus, obwohl oder gerade weil Cäcilie jedes Gesetz von Perspektive, Größenordnung und Anatomie mißachtete.
Es waren Darstellungen der Villa, ihrer Umgebung sowie Motive des täglichen Lebens. Wie zum Beispiel eine Pferdekutsche, ein Park, Spaziergänger, Onkel und Frau Debisch und häufig ein Junge, der ungefähr so alt war wie Cäcilie. Zwischen anderen Zeichnungen, wie Darstellungen von den Arbeiten am Erweiterungsbau der Villa, traten immer wieder welche zutage, die nichts weiter zeigten als einen kahlen, endlosen Korridor, worin ein Mädchen vor einer Frau davonlief, von der es verfolgt zu werden schien. Es war sicher kein Zufall, wenn Frisur und übertrieben dargestellte spitze Nase dieser Frau auf Frau Debisch hinwiesen.

Viktor blätterte weiter. Es kamen Seiten, auf denen nur noch die düstere, dämmrige Atmosphäre der Villa eingefangen war, wo aus allen Ecken, hinter Vorhängen und von der Decke herab unheimliche Fabeltiere und vor allem Krokodile mit gierig aufgesperrtem Rachen hervorlugten. Dann folgte eine Seite, die Viktor besonders alarmierte. Er erkannte das Herrenzimmer, wo ein Mädchen vor dem großen Kaminspiegel stand, demselben Spiegel, in dem er die unheimliche Erscheinung gesehen hatte. Aus dem Spiegel starrten zwei überlebensgroße Augen auf das Mädchen herab. Auf den nachfolgenden Seiten erschien dies Augenpaar immer häufiger, bis Viktor auf der letzten der bekritzelten Seiten auf eine Zeichnung stieß, an deren Aussage sich seine Phantasie aufs äußerste entzündete: Auf dem zum Turmzimmer führenden Treppenabsatz stand ein Mädchen. Es lehnte sich mit dem Rücken weit über das Treppengeländer zurück, während über ihm gebieterisch funkelnd das unheimliche Augenpaar schwebte. Hilflos streckte es die Hände dagegen aus . . .

Die letzten Seiten des merkwürdigen Tagebuches waren leer. Es bedurfte auch keiner Fortsetzung, den Rest glaubte sich Viktor selbst vorstellen zu können: Ein mit ausgebreiteten Armen in die Tiefe fallendes Mädchen!

Das war Mord, glatter, verruchter Mord! Vielleicht nicht im üblichen Sinne, aber wer konnte wissen, was sich damals wirklich in diesem Haus abgespielt hatte!
Während Viktor im Banne dieser letzten Tagebuchseite vor sich hinstarrte, hörte er unter sich im Salon Klavierspiel. Cora absolvierte ihr ausgedehntes, tägliches Pensum. Sie war sehr begabt und hatte eine leichte Auffassungsgabe, die es ihr ermöglichte, schnelle Fortschritte zu machen.
Die heraufdringenden Klänge der Nocturne in cis-Moll von Chopin erinnerten ihn an den Kriminalfilm »Das blaue Zimmer«, den er einmal gesehen hatte. Dort wurde regelmäßig Chopin gespielt, wenn der Mörder, durch eine Tapetentür tretend, erschien. Ihm wurde unheimlich zumute. Eine plötzliche Furcht trieb ihn aus dem Turmzimmer. Er stolperte die Treppe hinunter, hastig schloß er die Wohnungstür auf. Lauter hörte er durch die gegenüberliegende Salontür die Nocturne, vorsichtig öffnete er die Tür ... »Ach, du übst«, sagte er.
Cora, die einen Takt wiederholte, weil sie sich wegen Viktors Zwischenruf verhaspelt hatte, antwortete ärgerlich: »Du merkst auch alles!« Sie hörte zu spielen auf und starrte an die Decke. Sie konnte nicht leiden, wenn man ihr zuhörte, solange sie noch an einem Stück übte. Konnte sie es jedoch einwandfrei vom Blatt spielen, hatte sie sehr gern eine größere Zuhörerschaft um sich.
Viktor zog sich in seine Kammer zurück. Dort setzte er sich auf den Bettrand und blätterte nachdenklich in dem Tagebuch, dessen Rätsel ihn nicht mehr losließen. Manchmal glaubte er, in dem zufälligen Zusammentreffen der unerklärlichen Erscheinung im Spiegel und der Entdeckung des Tagebuches ein schicksalhaftes Zeichen zu sehen. Doch wo war da der Zusammenhang?

3 *Das Krokodil liegt auf dem Rücken*

Inzwischen war es Abend geworden. Nach dem Essen spannten ihn seine Schwestern zum Geschirrtrocknen ein. Louise kommentierte das mit den Worten: »Damit du einmal etwas Vernünftiges tust!« Sie gerieten sofort aneinander. Louise kam nämlich auf ein etwas heikles Thema zu sprechen. Sie sagte ihm auf den Kopf zu, daß er es ja nicht noch einmal wagen solle, ihr nachzuspionieren. Sie hätte ihn trotz über den Kopf gezogener Kapuze erkannt, als er ihr und ihrem Verlobten durch den Park nachgeschlichen sei. Ihr Verlobter hieß Karl-Heinz Kalikow. Er war Student an der technischen Hochschule und studierte schon zwölf Semester lang. Nach den Bemerkungen von Herrn Laroche schien er aus seinem Studium eine Lebensaufgabe zu machen.

Viktor erklärte rundheraus, daß Louise allen Grund habe, still zu sein, andernfalls würde er verraten, wer die heimlichen Mittrinker in Vaters Weinkeller seien. Er hatte schon längst herausbekommen, daß Louise ihren Karl-Heinz einschließlich seiner Studiengenossen oder, wie Frau Laroche sagte, »der ganzen Clique« mit Wein aus ihrem Keller versorgte.

Louise entgegnete wütend, daß er nicht nur ein dämlicher Bengel sei, sondern auch noch falsch und hinterlistig, ein richtiger Schnüffler! Dann lachte sie ihn wegen seines heutigen Erlebnisses aus. Sie brachte ihn bis zur Weißglut damit.

Wortlos verließ Viktor die Küche. Das Wort Schnüffler hatte ihn tief getroffen. Er war kein Schnüffler und würde nie einer sein. Was ihm vorschwebte, war die Aufgabe eines Mannes, der Unrecht aus der Welt schafft und für Recht und Ordnung kämpft. Mit Louise darüber zu streiten, war zwecklos. Sie konnte sich ja nur Modepuppen oder Schnittmuster vorstellen und sonst nichts. Er erwähnte darum auch das Tagebuch nicht, sondern versteckte es mit dem Foto von Cäcilie in seiner Kammer unter dem Bett. Louise würde ihn damit nur noch mehr aufziehen.

Als Louise und Cora dann in ihr Zimmer gingen, hörte er mit Genugtuung, daß sie sich einschlossen. Sie fühlten sich also auch nicht ganz sicher! Als alles ruhig war, schlich er in die Küche und versorgte sich mit unverderblichem Proviant; denn er hatte die Absicht, sich für die Nacht in seiner Kammer zu verrammeln. Unter Umständen wurde eine längere Belagerungszeit daraus!

Er überlegte gerade, was er noch vor die verriegelte Tür stellen könnte, als das Telefon klingelte. Fast zu gleicher Zeit trafen er, Louise und Cora vor dem Apparat ein. Viktors erster Gedanke war: Das ist ER! Er will ausspionieren, ob jemand in der Wohnung ist. Louise nahm den Hörer ab. Es war Frau Debisch. Anscheinend erkundigte sie sich nach Viktor, denn Louise sagte: »Dem geht es gut, das war doch nur eine fixe Idee!« Dann sagte sie: »Natürlich schließen wir immer ab.« Kurz darauf lachte sie gezwungen und sagte: »Was soll schon passieren! Aber wir werden es tun.« Sie bedankte sich für den Anruf und legte auf.

Dann fuhr sie Viktor an: »Da hast du uns schön blamiert! Ausgerechnet die Debisch läßt du die Wohnung inspizieren. Jetzt wird sie ständig kommen und nach dem Rechten sehen wollen. Wir sollen uns zur Nacht in unseren Zimmern einschließen und auf keinen Fall hinausgehen. Wenn etwas nicht in Ordnung ist, sollen wir zum Fenster hinausrufen. Sie und Herr von Strichninsky wollen abwechselnd die ganze Nacht wachen. Herr von Strichninsky bleibt deswegen heute hier — solch ein Unsinn!«

Viktor zuckte mit den Schultern. Es war zwecklos, etwas darauf zu erwidern. Immerhin befriedigte es ihn, daß Frau Debisch die Angelegenheit doch etwas ernster nahm, als es heute vormittag ausgesehen hatte. In seinem Zimmer verbarri-

kadierte er sich so gut wie möglich. Vor Tagesanbruch sollte ihn nichts auf der Welt aus seinem Zimmer herauslocken!
Lange fand er keinen Schlaf, er horchte hellwach auf jede Veränderung in den nächtlichen Geräuschen. Es mochte eine Stunde vergangen sein, als Viktor hörte, wie jemand die Haustür aufschloß. Er hielt den Atem an und lauschte. Plötzlich glitt der Schein einer lichtstarken Taschenlampe an seinem Fenster vorbei, huschte weiter, kehrte nach kurzer Zeit zurück und blieb vorübergehend an seinem Fenster stehen. Viktor ergriff sein Luftgewehr und glitt ans Fenster. Der Lichtkegel leuchtete jetzt den Stamm der hohen Platane an, wechselte zur gegenüberliegenden Hauswand und wanderte dort entlang, jeden Winkel ausleuchtend.
Es war Herr von Strichninsky, er durchsuchte die Umgebung der Villa. Jetzt wandte er sich nach links, dabei vorsichtig um sich leuchtend, entfernte sich um die Ecke des Hintertreppenaufgangs und kam nach kürzerer Zeit wieder zurück. Er ging unter Viktors Fenster vorbei und verschwand dann nach rechts um das Haus herum. Nach einer Weile kam er zurück, holte seinen Schlüssel aus der Tasche und machte Anstalten aufzuschließen. Plötzlich aber blitzte seine Lampe auf und richtete ihren vollen Schein gegen Viktors Fenster, Viktor genau ins Gesicht.
»Immer noch auf Wacht!« klang seine Stimme herauf.
Es geschah so schnell, daß Viktor keine Zeit fand zurückzuweichen. »Nein«, sagte er gedehnt. »Nur mal frische Luft schnappen.« Dabei hielt er sich die Hand vor die Augen, weil das Licht ihn blendete. Herr von Strichninsky strahlte ihn ungeniert weiter an. »Wenn du willst, komme ich hinauf zu dir und sehe noch einmal nach. — Schlafen deine Schwestern schon?«
Viktor antwortete: »Ja, sie haben sich eingeschlossen.«
Er lachte kurz auf: »Hast du sie auch schon angesteckt!«
Viktor schwieg. Am liebsten hätte er Herrn von Strichninsky die Lampe aus der Hand geschossen; denn er sah nur das

Licht, das ihn so blendete, von Herrn von Strichninsky sah er nichts.
Nach einer Pause sagte Herr von Strichninsky um einen Ton bestimmter: »Nun aber marsch ins Bett, sonst verschläfst du morgen die Schule!«
Viktor verschwand vom Fenster. Daß er nicht zur Schule gehen mußte, morgen nicht, übermorgen nicht und auch nicht die folgenden sechs Tage bis zu den Ferien, brauchte er Herrn von Strichninsky nicht auf die Nase zu binden. Seine Klasse war nämlich für die letzten zwei Wochen vor Ferienbeginn in ein Landschulheim gefahren, nur Viktor hatte nicht mitfahren können. Ein paar Tage vor der Abreise hatte er sich nämlich mit einer fieberhaften Erkältung — eine typische Sommergrippe, sagte der Vater — ins Bett legen müssen. So fuhren seine Klassenkameraden ohne ihn ins Landschulheim, obwohl er damals, wie er glaubte, doch schon wieder so gesund und gekräftigt war, daß ihn der Arzt ruhig hätte mitfahren lassen können. Als er dann wieder zur Schule ging, während seine Mitschüler die schönen Tage im Landschulheim genossen, schob man ihn anfangs von einer Klasse in die andere ab, bis man ihn gestern kurzerhand nach Hause schickte. Mit einer nicht ernst zu nehmenden Fülle von Hausaufgaben versehen, entließ man ihn vorzeitig in die Ferien.
Als die Haustür zuklappte, verließ Viktor seinen Horchposten am Fenster und ging wieder zu Bett. Aber er fand keinen Schlaf, er war zu aufgeregt. Er versuchte den Schlaf mit einem Trick herbeizuführen, indem er sich eine Schafherde auf grüner Wiese vorstellte und anfing, die einzelnen Schafe zu zählen. Natürlich klappte das nicht. Er zählte und zählte, es wurden immer mehr Schafe, aber nebenher liefen seine Gedanken in eine ganz andere Richtung. Deutlich sah er das Strumpfgesicht im Spiegel, es wurde groß und größer, bis es sich dicht vor seinem Bett befand... Viktor mußte schließlich doch eingeschlafen sein. Denn als er plötzlich

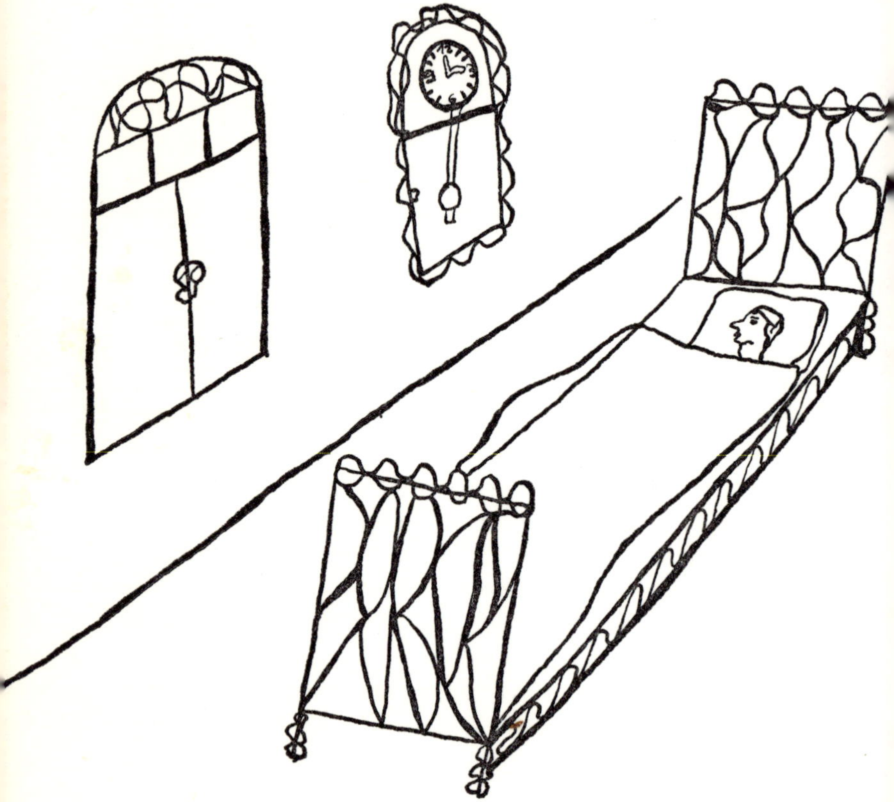

hochfuhr, durch laute, schnarrende Uhrschläge erschreckt, wußte er im Augenblick nicht, wie lange er so gelegen hatte. Es war die alte Regulatoruhr, die neben dem Fenster an der Wand hing. Ihr ursprünglicher Platz war im Zimmer seiner Schwestern, das vor Jahren Cäcilie bewohnt hatte. Doch seine Schwestern wußten mit der alten Uhr nichts anzufangen; vielleicht schlug sie ihnen auch zu laut. So bekam Viktor die Regulatoruhr. Sie schlug dreimal, es war drei Uhr nachts. Nebenan im Durchgangszimmer knackte es, es knackte wieder, dann machte es »klick«, als würde der Hahn eines Trommelrevolvers gespannt. Plötzlich glaubte Viktor durch die Wand hindurch die unmittelbare Nähe eines Menschen zu spüren. Er wollte schreien, aufspringen, dem Spuk ein Ende machen, aber seine Glieder waren wie gelähmt. Er war fest überzeugt, daß sich jemand im Durchgangszimmer befand.
Doch es geschah weiter nichts. Die Geräusche kehrten nicht wieder. Trotzdem hätte Viktor schwören können, daß jemand nebenan gewesen war.
Gegen Morgen schlief er endlich ein. Es war ein bleierner Schlaf, aus dem er erst erwachte, als er auf dem Korridor eilige Schritte hörte. Es waren seine Schwestern, sie hatten verschlafen und hetzten der verlorenen Zeit nach. Viktor ging hinaus und fragte, ob sie auch verdächtige Geräusche in der Nacht gehört hätten. Sie beachteten ihn aber gar nicht und riefen nur: »Laß uns in Ruhe, wir kommen ohnehin zu spät!«
Wenigstens wollte er die Wohnung inspiziert haben, solange er nicht allein war. Im Durchgangszimmer fand er nichts, auch nicht in den übrigen Zimmern. Aber dann untersuchte er den Sekretär im Salon. Und nachdem er die Schreibplatte heruntergeklappt hatte, sah er das Krokodil: Es lag auf dem Rücken! Es hatte auf dem Bauch gelegen, als er es gestern aus dem Fach genommen hatte. Und er erinnerte sich genau, daß er es dann auch wieder auf den Bauch zurückgelegt hatte. Jetzt lag es auf dem Rücken! Aufmerksam suchte er

die Umgebung des Sekretärs ab, und da fand er zwischen Sekretär und Kamin auf dem Fußboden ein Klümpchen frischer Erde, eigentlich mehr ein Krümel. Gestern hatte dieses Erdklümpchen nicht dagelegen, es wäre ihm bestimmt aufgefallen. Behutsam schob er das Indiz auf ein Stück weißes Papier und trug es in seine Kammer. Mit einer Lupe untersuchte er den Fund. Er bestand aus schwarzer Erde, wie sie im Vorgarten der Villa anzutreffen war, vermischt mit grauem Staub. Solch ein Klümpchen kann stundenlang zwischen den Rillen von Schuhsohlen haften, bis es, vielleicht nach Tagen, herausfällt. Viktor wußte das aus Erfahrung, wenn ihm seine Mutter trotz aller Beteuerungen nachwies, daß sich immer noch »kübelweise« Schmutz an seinen Schuhsohlen befand.

Viktor untersuchte seine Schuhe und die Schuhe seiner Schwestern. Sie hatten glatte Sohlen und waren einwandfrei sauber. Auch waren seine Schwestern gestern nicht im Garten gewesen; und er selbst war, als er von der Schule kam, dicht an der Hausmauer entlanggelaufen, wo sich rundherum Steinplatten befanden. Der rätselhafte Unbekannte war also wieder dagewesen. Viktors Befürchtung: ER wird wiederkommen, hatte sich bestätigt!

Nach dieser alarmierenden Schlußfolgerung hielt er es nicht länger allein in der Wohnung aus. Kaum waren seine Schwestern fort, trieb es ihn aus dem Haus. Den ganzen Vormittag lief er durch Straßen, grübelte, entwickelte Theorien, Pläne, verwarf sie wieder.

Einige Male spielte er mit dem Gedanken, zur Polizei zu gehen. Aber die Vorstellung, was man dort von seinen phantastisch anmutenden Behauptungen halten würde, hielt ihn davon ab. Er kehrte erst zurück, als Cora aus der Schule kommen mußte. Sie stand schon mit Karla an der Gartenpforte.

»Dauert es noch lange?« fragte Viktor.

Karla maß ihn mit einem Blick, als wäre er ihr auf die Zehen getreten. Cora antwortete schnippisch: »Hol dir doch einen Stuhl!« Wenn sie mit einer ihrer Freundinnen zusammen war, war Viktor Luft für sie. Am besten kam er mit ihr aus, wenn sie beide allein waren. Ohne zu antworten, ging er an ihnen vorbei. Mit Karla hatte er nicht viel im Sinn, er hatte an zwei Schwestern genug.

Vor ihrer Wohnungstür begegnete ihm Herr von Strichninsky. Er kam von oben, wo das Turmzimmer und die Mansarden lagen. Eine der Mansarden und ein Bodenraum gehörten zu Frau Debischs Wohnung. »Na, kleiner Meisterdetektiv, etwas Neues entdeckt?« begrüßte ihn Herr von Strichninsky.

Viktor schüttelte stumm den Kopf. Als Herr von Strichninsky sah, daß Viktor nicht aufschloß, fragte er: »Warum gehst du nicht hinein — fürchtest du dich?«

Viktor schüttelte wieder den Kopf: »Ich habe meine Schlüssel vergessen, aber Cora kommt gleich, sie ist schon unten.« Natürlich hatte er seine Schlüssel nicht vergessen, aber er scheute sich, die Wohnung allein zu betreten. Herr von Strichninsky grinste verstohlen und ging die Treppe weiter abwärts. Wo er hintrat, knarrten die Dielen, er hatte bestimmt Schuhgröße fünfundvierzig.

Es dauerte noch geraume Zeit, ehe Cora kam. Sie stürmte die Treppe herauf. »Du hast es gut, du brauchst nicht zur Schule!« begrüßte sie Viktor, obwohl sie im Gegensatz zu ihm gern zur Schule ging. Sie lernte leicht, stand in dem Ruf, begabt zu sein, und war gut gelitten in der Schule. Bei Viktor war das anders, er lernte schwer, galt als schwierig und war allenfalls geduldet. Besonders an den Zeugnistagen stand er ganz im Schatten seiner Schwestern. Er war jedesmal froh, wenn die Zeit der Zensuren vorüber war. Während sie die Wohnung betraten, behauptete Viktor, daß in der vergangenen Nacht wieder jemand dagewesen wäre. Cora sah ihn zweifelnd und ein bißchen beunruhigt an. Sie fragte, wieso er das sagen könne.

Er erzählte von den Geräuschen im Durchgangszimmer. »Bestimmt war jemand da. ER ist wiedergekommen!«
Cora wurde unbehaglich zumute. »Du kannst einem wirklich Angst machen«, sagte sie.
Viktor nickte zufrieden: »Ich habe auch schon einen Plan, durch den ich beweise, daß bei uns tatsächlich jemand heimlich ein und aus geht. Ich werde heute nacht überall Wollfäden spannen. Sind sie morgen früh zerrissen, ist er wieder dagewesen!«
»Du bist verrückt!« platzte Cora heraus. Dann meinte sie: »Die kann dann doch auch einer von uns zerrissen haben, schließlich muß man nachts mal raus.«
»Das dürft ihr eben nicht«, sagte Viktor bestimmt.
Cora lachte: »Das erzähl mal Louise!«
Viktor betonte, daß natürlich auch Louise das Zimmer nicht verlassen dürfe, sonst hätte er keine einwandfreie Kontrolle. Trotzdem wußte er, daß sie sich nicht darum kümmern würde. Er wollte es trotzdem versuchen.
Louise hatte einen Zettel hinterlassen, auf dem einige Dinge angemerkt waren, die vom Kaufmann zu holen waren. Viktor und Cora gingen gemeinsam. Unterwegs erzählte Viktor von dem Klümpchen Erde, das er im Salon gefunden hatte. Cora meinte, daß das ebensogut von ihnen stammen könne. Trotzdem fand sie es verdächtig, und als sie wieder zurück waren, durchsuchten sie gemeinsam die Wohnung. Dabei fiel Cora eine Veränderung in Onkels Sekretär im Salon auf. Sie behauptete nämlich, im untersten Schubfach, wo ihre Noten lagen, habe jemand gekramt. »Ich weiß genau, daß das Notenheft von Chopin obenauf gelegen hat, jetzt liegt es zuunterst!«
Viktor war gar nicht überrascht: »Das wundert mich nicht«, sagte er. »Denn auch das Krokodil muß jemand in die Hand genommen haben; gestern lag es noch auf dem Bauch, heute liegt es auf dem Rücken!«
»Mensch, wenn das stimmt!« rief Cora erschrocken.

Später machte er eine Probe mit den Wollfäden. Es kam darauf an, daß man sie nicht bemerkte, wenn man dagegenstieß und sie zerriß. Am besten war es wohl, wenn er sie in Schienbeinhöhe spannte, außerhalb der Reichweite der Hände, die einer, der in der Dunkelheit durch den Raum ging, vorsichtig tastend vorstrecken würde. Auch die Farbe schien ihm von Bedeutung zu sein. Die Fäden durften nicht auffallen, auch nicht beim Schein einer Taschenlampe! Nach einigen Versuchen entschied er sich für graue Fäden, sie waren selbst bei Tageslicht kaum zu sehen.

Louise hatte kein Verständnis für seine Versuche. Als Viktor gegen acht Uhr abends damit anfing, ging sie absichtlich dort entlang, wo er die Fäden schon gespannt hatte. Sie war damit beschäftigt, ihre Kleider zur Feier von Onkels einundachtzigstem Geburtstag zurechtzulegen. Der große Tag war morgen, und die drei Geschwister sollten auf Geheiß des Vaters einen Blumenstrauß überbringen. Natürlich würde sich alles in festlichem Rahmen abspielen, auf entsprechende Kleidung war zu achten; denn Onkel sah sehr auf äußere Form. Etwas, das Louise sehr beeindruckte. Es blieb Viktor nichts anderes übrig, als zu warten, bis alle im Bett lagen. Als er seine Fäden gespannt hatte, verbarrikadierte er sich wie gestern in seiner Kammer. Jetzt mochte er kommen!

Die Nacht verging ohne Zwischenfälle. Wieder schlief Viktor lange nicht ein und horchte auf jedes Geräusch. Gegen elf Uhr hörte er Herrn von Strichninsky seinen nächtlichen Rundgang wiederholen. Auch heute leuchtete er ausgiebig zu Viktors Fenster herein, aber diesmal war Viktor auf der Hut. Er beobachtete Herrn von Strichninsky vom Fußende seines Bettes aus, dicht an die Wand gedrückt.

Nachdem Herr von Strichninsky ins Haus zurückgekehrt war, herrschte Ruhe. Auch die ganze Nacht hindurch blieb es ruhig, und als Viktor am nächsten Morgen die Wollfäden untersuchte, war keiner zerrissen. Das hatte er nicht erwartet! Er war nahezu enttäuscht.

4 *Grünes Obst*

Zu Onkels Landhaus fuhr man mit der Vorortbahn bis zur Endstation. Von dort ging es noch eine halbe Stunde zu Fuß durch einen hohen Kiefernwald. Festtäglich gekleidet wanderten Louise, Cora und Viktor den Waldweg entlang. Fast die Hälfte des Weges hörten sie die Klänge einer Blaskapelle, die anscheinend irgendwo im Walde übte. Sie spielten »Aus der Jugendzeit« und »Lang ist es her«. Viktor dachte, daß das gut zu Onkels Geburtstag paßte.

Bei Onkel ging es sehr feierlich zu. Er saß, in eine Decke gehüllt, in seinem Rollstuhl in der großen Halle, wo eine breite Treppe zu der prunkvollen, die Halle umschließenden Balustrade emporführte, von der es zu den Räumen des oberen Stockwerkes ging. Wächsern und bleich saß Onkel da, während die Schar der Gratulanten an ihm vorbeizog. Hinter seinem Rollstuhl stand vornehm lächelnd Frau Debisch. Sie war ständig damit beschäftigt, Onkels Decke zurechtzurükken. Außer der zahlreichen Verwandtschaft waren auch Leute gekommen, die mit Onkel von seinen früheren, weitverzweigten Tätigkeiten her bekannt waren, darunter zwei bejahrte Rechtsanwälte. Der eine der beiden hatte einen spiegelblanken Kahlkopf und ein fast fleischloses, von welker Haut überspanntes Gesicht. Er sprach mit einer Stimme, die — wie es Viktor vorkam — schon aus dem Grab zu kommen schien, und es sah ganz so aus, als sei er neben Frau Debisch der Hauptorganisator des Festes; denn er flüsterte viel mit Frau Debisch und soufflierte Onkel die Namen von Gratulanten, an die er sich nicht mehr zu erinnern schien. Der andere Rechtsanwalt war lang und hager und hatte eine große Hakennase. Er unterhielt sich viel mit Herrn Friedrich Mörlin, dem Sohn des verstorbenen ehemaligen Geschäftspartners von Onkel. Von Herrn Mörlin hieß es, daß er ein unstetes Leben führe. Zur Zeit war er Schauspieler. Viktor hatte ihn einmal an Frau Debischs Tür klingeln sehen. Weil niemand öffnete, war er wieder gegangen. Viktor wußte aber genau, daß Frau Debisch damals zu Hause war. Herr Mörlin fiel durch seine fahrigen Bewegungen auf. Wenn er sprach, zuckte sein Mund nervös, mitunter schnitt er dabei richtige Grimassen. Viktor mußte ihn immer wieder ansehen.

Nach der Gratulationscour legte sich Onkel auf Frau Debischs energisches Drängen für ein Stündchen aufs Ohr. Die Mehrzahl der Gratulanten verabschiedete sich, nur die engeren Familienmitglieder sowie die beiden Rechtsanwälte und Herr Mörlin blieben.

Wenn Onkel sich ausgeruht hatte, sollte es in der großen Halle das Festessen geben. Der Duft von Rehrücken und anderen delikaten Speisen drang verheißungsvoll von der Küche herüber. Am meisten freute sich Viktor auf das Fürst-Pückler-Eis, das es zu Onkels Geburtstagen regelmäßig zum Nachtisch gab. Wie sich dann herausstellte, hatte er sich zu früh gefreut; denn die Feier sollte für ihn auf eine ganz unvorhergesehene Weise vorzeitig zu Ende gehen.

Während der Onkel schlief, vertrieb sich Viktor die Zeit, indem er Haus und Garten durchstöberte. Da gab es keinen Winkel, den er nicht schon von früheren Besuchen her kannte. Und doch war so ein Zug durch das Gelände immer wieder ein neues Abenteuer für ihn. Im hinteren, an den Kiefernwald angrenzenden Teil des Grundstückes stand zwischen Gemüsebeeten das gläserne Gewächshaus. Es hatte einen festen Anbau, in dem zu ebener Erde Heizung und Geräteräume lagen, darüber befand sich eine kleine Wohnung. Hier wohnte Herr Opitz.

Herr Opitz war Junggeselle. Er wohnte schon in dem Gartenhaus, solange sich Viktor zurückerinnern konnte. Onkel hatte ihn vor vielen Jahren auf seinen ausgedehnten Geschäftsreisen im ehemaligen Deutsch-Südwestafrika kennengelernt. Herr Opitz war damals bei den Otawi-Minen beschäftigt gewesen. Nun lebte er von seinem ersparten Vermögen. Er war sehr geschickt in handwerklichen Dingen und beschäftigte sich viel mit Basteleien. So stand bei ihm ein selbstkonstruierter Ruderapparat, auf dem er immer noch täglich trainierte. »Damit die morschen Knochen nicht rosten«, sagte er. Viktor mochte Herrn Opitz gut leiden. Seine offene, ungekünstelte Art stand ganz im Gegensatz zu Onkels pedantischer Vornehmheit, den er oft genug durch seine deftige Ausdrucksweise schockierte. Trotzdem bestand eine dauerhafte Freundschaft zwischen den beiden. Wie man sich erzählte, hatte er Onkel und Herrn Mörlin vor Jahren auf einer Jagd im Innern Afrikas das Leben gerettet.

Vor dem Gartenhaus standen Stachelbeersträucher. Die Beeren waren noch hart und grün, da aber selbstgepflücktes Obst besonders gut schmeckt, aß Viktor reichlich davon. Das Fenster der Wohnung von Herrn Opitz stand offen, Viktor hörte ihn zu jemandem sagen: »Dies ist das letzte Mal, ich bin auch kein Krösus. Versuch es doch endlich mit einer vernünftigen Arbeit — Schauspieler gibt es genug!«

Der andere — an der Stimme erkannte Viktor Herrn Mörlin — erwiderte: »Daran liegt es nicht, mir fehlen eben nur die Beziehungen. Anderen fällt alles nur so in den Schoß. Wenn man bedenkt, daß die Alte alles erben soll . . . Man müßte Onkel tatsächlich einmal die Augen . . .«

Hier unterbrach ihn Herr Opitz scharf: »Hör auf mit dem Unsinn! Du weißt doch am besten, auf welche verrückten Einfälle ihr gekommen seid, du und Cäcilie. Noch heute fürchtest du dich vor Gespenstern!«

Viktor spitzte die Ohren. Nach einer Pause hörte er Herrn Mörlin unwillig sagen: »Das waren Kindereien! Daß ich eine rege Fantasie habe, ist wohl kein Fehler für einen Künstler!«

»Quatsch, schwache Nerven hast du, weiter nichts!«

Vorübergehend wurde es still hinter dem Fenster, dann sagte Herr Mörlin: »Es ist ein Jammer, es kann doch nicht alles fort sein. Ich Esel mußte ja mein Hab und Gut während der Inflation verkaufen — für ein Butterbrot!«
Ein Stuhl wurde gerückt, die Stimme von Herrn Opitz klang, als nähere er sich dem Fenster: »Du hast eben nur die hohen Zahlen gesehen, aber du wolltest ja nicht auf mich hören!«
Viktor schlüpfte hinter einen weiter entfernt gelegenen Strauch und pflückte emsig weiter. Am Fenster erschien Herr Opitz. Er hatte den Hemdkragen geöffnet, die geschwungene Deckelpfeife steckte zwischen seinen Lippen. Er rauchte einen selbstgeschnittenen Tabak, den er sich eigens aus Oberschlesien kommen ließ. Onkel behauptete von dem Tabak, er sei unverfälschtes Buschkraut. Als Herr Opitz Viktor sah, rief er ihm zu: »Junge, du wirst noch Durchfall kriegen, das Zeug ist ja noch ganz grün!«
Viktor hörte mit Pflücken auf. »Darf ich ein bißchen rudern kommen?« fragte er.
»Natürlich, komm nur herauf. Bewegung vor dem Essen schafft guten Appetit!«
Viktor ging durch den Geräteraum, von dem man in die Wohnung hinauf gelangte. Auf der Werkbank, neben dem Schraubstock, lag zwischen Feilen, Bohrern und Hämmern eine glatt durchgeschnittene, rohe Kartoffelhälfte. Ihr saftiges Gelb hob sich hell von den eisernen Werkzeugen ab. Auf der Treppe begegnete ihm Herr Mörlin, er steckte gerade ein paar Geldscheine in seine Brieftasche. Indem er Viktor flüchtig zunickte, sagte er im Vorbeigehen: »Dann mal ran, das gibt Muskeln!«
Herr Opitz wartete schon an der Tür zu dem sogenannten Gerätezimmer. Dieser Raum war vollgestopft mit Jagdtrophäen, Waffen, Trommeln und Geräten aus Afrika. Besonders die alten Zündnadelgewehre der Hereros hatten es Viktor angetan. Es waren Waffen, die dieser Bantustamm im Südwesten Afrikas zu Anfang unseres Jahrhunderts bei sei-

nem erfolglosen Aufstand gegen die deutschen Kolonialherren verwendet hatte.

Während Herr Opitz die Fußstütze des Ruderapparates auf Viktors Beinlänge einstellte, sagte er: »Du willst doch hoffentlich ein starker Mann werden — oder nicht!«

Viktor antwortete: »Natürlich, als Detektiv muß man das auch!«

Herr Opitz lachte, daß seine weitgestellten Schnurrbartspitzen zitterten: »Was, Detektiv? Du hast ja viel vor. Da geh doch am besten zur Kriminalpolizei: Kommissar Viktor Laroche — das klingt schon jetzt berühmt.«

Viktor nickte unverbindlich mit dem Kopf. So genau hatte er darüber noch nicht nachgedacht, aber es gefiel ihm.

Viktor setzte sich zurecht und begann zu rudern. Dabei war er sehr darauf bedacht, weit ausholende und gleichmäßige Ruderschläge zu führen. Behaglich paffend saß Herr Opitz daneben und sah ihm zu. Der Tabak roch wirklich sehr scharf. Viktor hätte gern etwas über Cäcilie erfahren.

»Hatten Sie den Ruderapparat schon, als Cäcilie noch lebte?« fragte er.

Herr Opitz antwortete: »Nein, für Cäcilie wäre das auch nichts gewesen, sie war ziemlich spillerig.«

»Aber sie konnte gut zeichnen«, sagte Viktor.

»Ich glaube schon. Viel mehr konnte sie auch nicht«, erinnerte sich Herr Opitz.

Viktor fragte weiter: »Stimmt es, daß Cäcilie etwas schwachsinnig war?«

Herr Opitz sah Viktor überrascht an, er zog heftiger an seiner Pfeife, zeitweilig war er hinter dem Pfeifenrauch kaum zu sehen. »Was du alles fragst! Wer hat dir denn das eingeflüstert! Cäcilie war nicht schwachsinnig. Eher etwas überspannt. Besonders gern verkleidete sie sich als Gespenst. Sie trieb es damit so weit, daß sie schließlich selbst überall Gespenster sah. Frau Debisch hatte es nicht leicht mit ihr.«

Viktor hielt mit Rudern inne. Herr Opitz und Frau Debisch

standen zueinander wie Hund und Katze. Jedenfalls hatte Vater einmal diesen Vergleich gebraucht. Viktor hatte eine ganz andere Aussage von Herrn Opitz erwartet. »Ich möchte Frau Debisch nicht als Mutter haben«, sagte er.
»Ich auch nicht«, bekannte Herr Opitz offen. »Cäcilie hatte einen Heidenrespekt vor ihr, auch der Mörlin. Er fürchtet sich heute noch vor ihr!« Herr Opitz lachte, als könne er nicht begreifen, daß sich jemand vor ihr fürchtete.
»Wieso Herr Mörlin?« tat Viktor erstaunt.
»Ich meine natürlich den Sohn von Herrn Mörlin, den Friedrich, du kennst ihn ja. Er und Cäcilie haben viel miteinander gespielt«, erklärte Herr Opitz.
Viktor ruderte weiter. Nach einer Pause hakte er erneut ein: »Wie war das nur möglich, daß Cäcilie verunglückte?«
Wieder sah Herr Opitz überrascht auf, dann wiederholte er nachdenklich: »Wie war das möglich ...? Frag doch die alte Hanne. Oder Frau Debischs Wirtschafterin, Frau Lochow. Die beiden und Frau Debisch waren die einzigen im Haus, als es passierte.«
Hanne war die Köchin von Onkel. Sie diente ihm schon ein Leben lang. Sie besorgte immer noch die Küche und wohnte im Landhaus. Viktor schwieg. Er wollte nicht ein zu auffälliges Interesse an diesen Familienereignissen an den Tag legen. Aber Herr Opitz fuhr von selbst fort:
»Vielleicht wollte sie probieren, wie es ist, wenn man in die Tiefe stürzt — verrückte Einfälle hatte sie genug. Ich habe einmal beobachtet, wie sie Wespen mit der Schere durchschnitt. Ihr fehlte eben die Mutter, und von Onkel wurde sie zu sehr verhätschelt.«
Herr Opitz entwarf ein Bild von Cäcilie, das ganz anders war als jenes, das Viktor sich zurechtgedacht hatte. Doch Viktor konnte sich auf das Tagebuch von Cäcilie berufen, er hatte seine eigene Meinung über sie. Gern hätte er noch mehr gefragt, aber Herr Opitz stand auf und ging zu einer hohen Kommode, wo er in einem Schubfach kramte. Mit

einem kleinen, ledernen Krokodil kam er zurück. Es glich fast aufs Haar den Ledertieren, die Viktor auf Onkels Schreibtisch und in der Lade von Onkels großer Kommode gesehen hatte. »Behalt es, das ist doch etwas für einen Jungen!« sagte Herr Opitz.

Viktor stieg von der Ruderbank und nahm das Krokodil in die Hände. Die geschliffenen Glasaugen des kleinen Tieres funkelten feurig. Ob es wohl echte Diamanten waren? Herr Opitz lachte eigenartig auf Viktors Frage und sagte: »Diese bestimmt nicht. Ich würde es sonst nicht verschenken!«

Er zwinkerte Viktor zu: »Aber ich habe noch etwas, das mußt du unbedingt probieren, etwas ganz Besonderes!«

Er ging an einen Wandschrank und holte eine dickbauchige Flasche heraus. Er stellte zwei nicht gerade saubere Schnapsgläser auf den Tisch und goß ein. Viktor betrachtete mißtrauisch die grüne Flüssigkeit in den bis zum Rand gefüllten Gläsern. Dann schob ihm Herr Opitz ein Glas hin: »Prost, auf Onkels Geburtstag!« Es roch wie Spiritus und brannte wie Feuer. Herr Opitz erklärte mit breitem Grinsen: »Das ist ein afrikanischer Geheimtrunk nach eigenem Rezept, wer den trinkt, hört das Gras wachsen — na, noch einen? Auf einem Bein kann man nicht stehen!«

Ihm zu Gefallen sagte Viktor ja und tat, als ob ihm das Zeug besonders gut schmeckte. Er fühlte sich sehr erwachsen dabei. Dann zeigte ihm Herr Opitz noch sein Jagdgewehr und führte ihm vor, wie es geladen wurde. Viktor wollte sich die Handgriffe gut einprägen, merkte aber, daß er den Erklärungen von Herrn Opitz nicht recht folgen konnte. Trotzdem hatte er das Gefühl, Bäume ausreißen zu können — und eine Spur aufgegriffen zu haben, die zur Lösung des Rätsels um den Tod Cäcilies und der mysteriösen Ereignisse in ihrem Haus in der Stadt führen mußte.

Als er zum Landhaus zurückkam, ging er zuerst in die Garderobe, die sich gleich links neben dem Eingang der Diele befand und steckte das Krokodil, das ihm Herr Opitz geschenkt hatte, in die Innentasche seines Mantels. Gewohnheitsmäßig griff er dabei auch in die rechte Außentasche, wo er seine Hausschlüssel eingesteckt hatte, sie waren aber nicht darin. Er suchte in der anderen Tasche, auch dort waren sie nicht. Viktor durchsuchte den ganzen Mantel, die Schlüssel waren fort. Vielleicht hatte er sie verloren. Doch konnte er sich eigentlich nicht vorstellen, daß die Schlüssel aus der Manteltasche gefallen sein könnten. Und die Möglichkeit, daß er die Schlüssel vergessen hatte, schien ihm ziemlich ausgeschlossen. Abgeschlossen hatte zwar Louise, doch er glaubte sich genau zu erinnern, daß er nicht ohne die Schlüssel fortgegangen war.

Onkel schlief noch immer. So ging Viktor in die Küche, wo die alte Hanne untätig herumstand. Das Festessen heute wurde von der Stadtküche geliefert, und der Küchenchef war gerade dabei, mit seinen Gehilfen die fertigen Speisen anzurichten. Mißtrauisch schaute Hanne den Männern auf die Finger. Neben ihr stand Herr Mörlin. Er schob sich gerade ein Stück Braten in den Mund, und als er Viktor kommen sah, verließ er die Küche. Viktor fragte die Hanne, ob es nun endlich bald so weit wäre. Sie schob ihm einen Bissen Rehrücken hin und sagte: »Wie die mit dem Essen umgehen, das kann man gar nicht mit ansehen!« Sie ließ Viktor auch von den Preiselbeeren kosten, sich selbst schenkte sie ein Glas Rotwein ein. »Der ist gut«, sagte sie. »Willst du auch ein Gläschen?«

Viktor, der die Hanne über Cäcilie aushorchen wollte, tat besonders erfreut und trank das ihm zugereichte Glas mit einem Zuge leer und sagte, wie er es manchmal von seinem Vater gehört hatte: »Ausgezeichnet!« Er fand, daß er den Wein gut vertrug. Zuerst hörte Hanne kaum auf seine Fragen, immer schielte sie zu den Leuten von der Stadtküche hin. Erst als er geradezu fragte: »Wie konnte es nur geschehen, daß Cäcilie über ein so hohes Geländer fiel?« drehte sie sich erschrocken zu ihm um und rief: »Du liebe Güte! Das war ein Unglück! Ich sehe sie noch liegen, ich kam gerade vom Einkaufen zurück.«

»Und wo war Frau Lochow?« fragte Viktor blitzschnell.

»Wieso Frau Lochow? Die war damals noch ein Fräulein und doch nur als Stundenhilfe für die groben Arbeiten. An dem Tag war sie überhaupt nicht da!« antwortete Hanne entrüstet, als gingen Frau Lochow die Debisch'schen Familienangelegenheiten nichts an. Dann fuhr sie fort: »Aber ich ahnte, daß es einmal so kommen würde — das arme Kind! Sie war immer so lieb und folgsam und hatte außer mir keine Seele, bei der sie ihr Herz ausschütten konnte. Die Debisch dachte doch nur an ihre eigenen Töchter und hat sich bei Onkel . . .« Sie unterbrach sich: »Nein, ich will damit nichts zu tun haben. Unsereiner macht seine Arbeit, alles andere geht mich nichts an. Zum Schluß wirft mich Frau Debisch auf meine alten Tage noch hinaus!«

Viktor hörte kaum noch hin, er merkte, wie er anfing zu schwanken. Mit einer Zunge, die ihm nicht mehr gehorchte, fragte er: »War es wirklich nur ein Unglücksfall?«

Hanne fuhr auf: »Du bist ja betrunken! Das kann doch nicht von dem Schluck Wein kommen!« Sie bugsierte ihn zur Küche hinaus. »So ein Malheur! So ein Malheur! Gerade jetzt, wo das Essen beginnt!« Viktor nahm sich zusammen, er schüttelte den Kopf: »Mir ist ganz wohl, ich kann wirklich allein gehen!«

In der Halle waren schon alle Gäste an der großen Tafel versammelt. Viktor ging mit weichen Knien an seinen Platz und setzte sich. Louise schoß ihm wütende Blicke zu, weil er als letzter kam. Er saß zwischen Herrn Opitz und Cora. Ihm schräg gegenüber saß Herr Mörlin. Viktor hatte das Gefühl, daß Herr Mörlin ihn unentwegt beobachtete. Wie durch einen Schleier sah er sein Gesicht. Er fühlte sich gar nicht wohl, und so wandte er sich gleich der hohen Glasschale zu, die neben seinem Besteck stand. Mit beiden Händen hob er sie an seine Lippen. Er wußte nicht, daß das Wasser zum Waschen des Obstes bestimmt war, nur an dem lauten Räuspern von Louise merkte er, daß etwas nicht stimmte. Herr Opitz lachte: »Prost! Gänsewein, das gibt einen klaren Kopf!«

Jeden Augenblick mußte sich die Tür zu den Wirtschaftsräumen öffnen und der Rehrücken hereingetragen werden. Leises Gemurmel lag über der Tafel. Da hörte Viktor von oben herab scharrende Geräusche und ein gezischtes »Pst, Pst!« Das Tafelgemurmel verstummte. Auf der Balustrade, direkt über Onkels Kopf, versammelten sich eine Blaskapelle, angeführt von Herrn von Strichninsky. Er beugte sich über das Geländer und sah zu Frau Debisch herab, die mit der Hand das Zeichen gab, noch zu warten. Jetzt bemerkten auch die anderen die Blaskapelle, und das Gemurmel erstarb. Erwartungsvolle Stille breitete sich aus, nur Onkel merkte nichts von den Vorbereitungen. Er saß kerzengerade auf seinem Rollstuhl, die gepflegten Hände mit den Fingerspitzen auf das Damasttischtuch gelegt, und sah mit leerem Blick vor sich hin. Er sah aus, als könnte ihn ein Windhauch umwerfen. Was würde erst geschehen, wenn die plötzlich einsetzenden Trompetenstöße den Ahnungslosen trafen! Unter Umständen erschrak Onkel so sehr, daß er einen Herzschlag bekam. In Viktor stieg ein dunkler Verdacht auf. Er sah das Treppenhaus der Villa, er sah Cäcilie, er sah sie stürzen . . . jetzt war Onkel an der Reihe!

Er wollte aufspringen, Onkel warnen, aber seine Beine gehorchten ihm nicht, seine Zunge war wie gelähmt, und in seinem Kopf drehte es sich wie ein Kreisel. Nur seine Augen, die hatte er noch in der Gewalt. Wie gebannt hing sein Blick an den Musikanten auf der Balustrade, die auf das Zeichen zum Einsatz warteten. Jetzt hob Herr von Strichninsky beide Hände, sie schwebten für kurze Zeit über seinem Kopf, dann riß er sie herunter. Schlagartig setzte ein Fanfarenstoß ein.

Es muß Onkel wie die Posaunen des Jüngsten Gerichts im Ohr gedröhnt haben. Er fuhr zusammen, seine Arme wurden von unsichtbaren Drähten hochgerissen, sein Mund

klappte nach unten und ... Was weiter geschah, wußte Viktor nicht mehr genau. Er erinnerte sich später nur, daß ihm gerade in diesem Augenblick sterbenselend geworden war. Hände rissen ihn von der Tafel, ganz in der Ferne hörte er Frau Debisch sagen: »Schöne Bescherung!« Dann setzte sein Erinnerungsvermögen aus.

Als er wieder zu sich kam, lag er in einem Nebenraum auf einem mit Spitzendecken und weißen Porzellanknöpfen verzierten Sofa. Auf seiner Stirn lag ein unangenehm feuchtes Tuch. Aus der Halle hörte er Stimmengewirr und Tafelgeräusche. Demnach hatte Onkel den Schreck gut überstanden, und das Festmahl nahm seinen Fortgang. Dieser plötzliche Verdacht, die Überraschung mit dem Geburtstagsständchen könnte der raffiniert angelegte Versuch sein, Onkel umzubringen, war wohl nur der Wirkung des afrikanischen Teufelstrankes zuzuschreiben, den ihm Herr Opitz so aufgedrängt hatte. Hatte er aber nicht behauptet, wer das trinkt, hört das Gras wachsen? Nach seinen letzten Erlebnissen hielt Viktor nichts mehr für unmöglich.

Er wollte aufstehen, doch sofort fing es in Kopf und Magen gefährlich zu rumoren an. Also legte er sich wieder hin. Mit Bedauern dachte er, daß er nun von all den guten Sachen, die es bei dem Festessen gab, nichts bekommen würde. Und er hatte sich so auf das Fürst-Pückler-Eis gefreut! Da fielen ihm die verschwundenen Hausschlüssel ein. Das ließ ihm keine Ruhe. Er stand auf, so schwer ihm das auch fiel, und schlich sich in die Garderobe. Zuerst griff er in die Tasche seines Mantels, in die er das Krokodil gesteckt hatte, und stellte mit Befriedigung fest, daß es noch da war. Er zog es heraus, kalt glitzerten die Glasaugen im Lampenlicht. Viktor dachte unwillkürlich an die Krokodile in Cäcilies Tagebuch. In der anderen Tasche fand er dann zu seiner größten Überraschung die verloren geglaubten Schlüssel. Vorhin hatte er noch in allen Manteltaschen nach den Schlüsseln gesucht und sie nicht gefunden. Wie kamen sie wieder in seine Tasche?

Schritte, die näherkamen, trieben ihn zum Sofa zurück. Kaum hatte er sich hingelegt, als die Tür aufging; herein kamen die alte Hanne und Louise.

»Er schläft«, sagte Hanne leise.

»Ja, jetzt schläft er, aber vorher hat er uns entsetzlich blamiert!« sagte Louise bissig.

Sie standen beide vor ihm, Viktor hielt die Augen geschlossen. Louise schüttelte den Kopf: »Wie krieg ich den nur nach Hause? Ich begreife nicht, wie er so viel trinken konnte. Wer hat ihm das nur eingeflößt!«

Viktor hörte Hanne sagen: »Vielleicht Herr Opitz. Viktor war vorhin eine Weile bei ihm. Herr Opitz hat doch keine Ahnung, was ein Junge verträgt. Jeder muß seinen afrikanischen Fusel trinken, und er denkt, einem damit einen besonderen Gefallen zu tun. Ich habe das auch einmal trinken müssen, ich dachte, es reißt mich auseinander.« Sie schimpfte auf Herrn Opitz und seine junggesellenhafte Unbekümmertheit, mit der er durch die Welt ging. Sie sagte: »Cäcilie hat er auch nur Unfug beigebracht, dabei war sie so zart und empfindsam.«

Danach kamen sie wieder auf Viktor zu sprechen. Louise nannte seine Absicht, Detektiv zu werden, eine »fixe Idee«, und erzählte von einem Gespenst, das er im Kaminspiegel gesehen haben wollte. »Was natürlich reine Einbildung ist!« schloß sie überzeugt. Hanne meinte dazu: »Alles was recht ist, aber soviel steht fest, in der Stadtvilla ist es nicht ganz geheuer. Ich möchte da nicht wohnen, besonders seit das mit der armen Cäcilie passiert ist. Cäcilie hat sich dort immer vor irgend etwas gefürchtet. Ich konnte nie herausbekommen, was das eigentlich war, und Onkel kümmerte sich ja um nichts, der dachte doch nur an seine Geschäfte.«

Leider wurde die Unterhaltung durch Cora unterbrochen. Sie stürzte zur Tür herein und sagte aufgeregt: »Mit Onkel ist was!« Dann lief sie wieder hinaus. Louise und Hanne folgten ihr rasch. Viktor stand auch auf und ging in die Halle.

Dort konnte er kaum einen Blick auf Onkel erhaschen, so viele Leute drängten sich um ihn. Er saß zusammengesunken in seinem Rollstuhl. Frau Debisch, Herr Opitz und Herr Mörlin versuchten ihn zu stützen, der kahlköpfige Rechtsanwalt telefonierte nach dem Hausarzt. Schließlich trugen sie Onkel in sein Schlafzimmer. Die Aufregungen des Tages waren doch zu viel für ihn gewesen. Onkel vertrug nichts mehr. Frau Debisch hob die Feier auf. »Onkel braucht jetzt absolute Ruhe«, sagte sie. Jeder sah, wie sehr sie um Onkel bemüht war. Nur Viktor hatte seine Zweifel.

5 *Ein Schatten vor der Tür*

Am nächsten Morgen schlief Viktor bis tief in den Morgen hinein. Als er endlich aufwachte, waren seine Schwestern schon fort. Er stand auf und vergewisserte sich, daß sich niemand in der Wohnung versteckt hielt; dann schloß er sich in seiner Kammer ein. Er dachte nach. Seit dem Erscheinen der rätselhaften Gestalt im Kaminspiegel hatte er angefangen, seine Umwelt mit wacheren, mißtrauischeren Augen zu beobachten. Dabei war er auf Dinge gestoßen, die er unter normalen Umständen übersehen hätte. So hatte der gestrige Tag in Onkels Landhaus eine Reihe von Andeutungen und Hinweisen gebracht, die sich alle in irgendeine Beziehung zu Cäcilie setzen ließen. Und dann das rätselhafte Verschwinden der Hausschlüssel sowie ihr nicht minder rätselhaftes Wiederauftauchen! Hatte auch dieser Vorfall etwas mit dem Geheimnis um Cäcilie zu tun? Immerhin handelte es sich dabei um die Schlüssel zu dem Haus, in dem Cäcilie auf sehr ungewöhnliche Art umgekommen war! Das mochte ein Zufall sein, doch Viktor spann seine Kombinationen noch weiter und gelangte sogar zu der kühnen Schlußfolgerung, daß auch zwischen der Erscheinung im Kaminspiegel und dem unheimlichen Augenpaar aus Cäcilies Tagebuch ein geheimnisvoller Zusammenhang bestehen mußte. Seine Phantasie geriet in Bewegung, ein Gedanke verdrängte den anderen, eine Vermutung löste die andere ab, bis sich alles in unübersehbare Einzelheiten verlor. So kam er nicht weiter, er mußte methodisch vorgehen. Also nahm er einen Bogen Papier und schrieb alle die ungewöhnlichen Ereignisse und Verdachtsmomente der Reihe nach auf. Das sah so aus:

Tatsachen und Verdachtsmomente

1. Im Spiegel über dem Kamin erscheint eine unbekannte

Gestalt mit merkwürdig stumpfen Gesichtszügen. Die Gestalt verschwindet spurlos trotz abgeschlossener Wohnung.

2. Herr von Strichninsky entdeckt auf dem Fußboden vor dem Sekretär den Schlüssel zur Schreibplatte. War der Schlüssel zufällig herausgefallen?
3. Ein Telefonanruf, bei dem der Teilnehmer sich nicht meldet.
4. Cäcilies Tagebuchzeichnungen erwecken den Verdacht, daß ihr Tod kein Unglücksfall, sondern Mord war.
5. Drei Uhr nachts ungewöhnliche Geräusche im Durchgangszimmer.
6. Am nächsten Morgen liegt ein frisches Erdklümpchen im Salon neben dem Sekretär. Im Sekretär liegt das Krokodil umgedreht auf dem Rücken, auch Coras Noten liegen vertauscht.
7. Gespräch zwischen Herrn Opitz und Herrn Mörlin. Demnach waren Cäcilie und Herr Mörlin Spielgefährten.
8. Gespräch zwischen Herrn Opitz und mir. Herr Opitz schildert Cäcilie als überspannt, sie soll sich gern als Gespenst verkleidet haben. Seine Aussage über Frau Debisch steht ganz im Gegensatz zu den anklagenden Zeichnungen in Cäcilies Tagebuch.
9. Frau Debisch war an dem Unglückstag allein mit Cäcilie in der Villa. Hanne war zu dem Zeitpunkt einkaufen. Nach Hannes Andeutungen bestand kein gutes Verhältnis zwischen Frau Debisch und Cäcilie.
10. Meine Hausschlüssel verschwinden aus der Manteltasche.
11. War das Geburtstagsständchen mit beinahe tödlichem Ausgang der raffiniert angelegte Mordversuch an Onkel?
12. Meine Schlüssel gelangen auf unerklärliche Weise wieder in meine Manteltasche zurück.

Lange grübelte Viktor über seinen Notizen. Er hoffte, zwischen den Zeilen seiner Aufstellung endlich doch eine Lösung zu finden. Er entwickelte die verschiedensten Theorien, wie all diese Ereignisse und Verdachtsmomente in einen logischen Zusammenhang zu bringen wären. Doch so erfolgversprechend auch die eine oder andere seiner Kombinationen zunächst schien, zum Schluß fehlte immer das letzte, entscheidende Glied in der Beweiskette. Es war wie mit einem Stein, der, in den Teich geworfen, auf der Wasseroberfläche auseinanderstrebende Kreise hinterläßt: Man sieht die Kreise, aber den Stein sieht man nicht. Nur soviel glaubte Viktor nach all seinen Überlegungen mit Sicherheit folgern zu können: Der heimliche Besucher in der Wohnung war kein gewöhnlicher Dieb, der sich mit irgendeiner Beute zufrieden gab. Er suchte etwas!

Von einer plötzlichen Unruhe befallen, stand Viktor auf, ging zum Fenster, sah hinaus, kehrte an seinen Tisch zurück und las zum wiederholten Male sein »Arbeitspapier«. Einem plötzlichen Einfall folgend, fertigte er eine Zweitschrift davon an, die er mit der Überschrift »Wichtiges Dokument« versah. Dieses Dokument seiner bisherigen Ermittlungen wollte er an einem Platz verwahren, wo man es finden konnte, falls ihm etwas zustoßen sollte. Der beste Platz dafür schien ihm Onkels Sekretär zu sein. Also schloß er die Tür seiner Kammer auf und ging mit dem »Dokument« durch die Diele in Richtung Salon. Da hörte er auf einmal draußen im Treppenhaus ein Knacken. Er blieb stehen. Wieder knackte es, es kam von der Treppe, die zum Turmzimmer führte. Und plötzlich sah er durch die Milchglasscheibe der Wohnungstür die schwachen Umrisse eines Mannes mit Hut und Mantel. Der Mann ging vorsichtig über den Vorplatz, vor der Tür blieb er stehen, schärfer hoben sich seine Umrisse hinter dem Glas ab. Viktor hielt den Atem an und blieb wie gefesselt stehen. Mit wachsender Bestürzung verfolgte er die Bewegungen des schemenhaften Schattens vor der Tür. Jetzt

bückte sich der Mann etwas, kam noch dichter heran, und ein Schlüsselbund klirrte. Erst als ein Schlüssel vorsichtig in das Schlüsselloch eingeführt wurde, löste sich Viktors Erstarrung. Wie von Sinnen schrie er: »Hab ich dich endlich!« und stürzte zur Tür und legte in fliegender Hast die Sicherheitskette vor. Dann vollführte er einen Lärm, daß der Unbekannte vor der Tür geglaubt haben mußte, es tobe eine Schar wütender Berserker in der Diele.

Als Viktor sich wieder beruhigt hatte, war der Mann verschwunden. Er lief ins Herrenzimmer zum Telefon und rief Frau Debisch an. Es meldete sich Herr von Strichninsky. »Du hast Glück«, sagte er. »Ich wollte gerade fortgehen. Eine Minute später, und ich wäre nicht mehr dagewesen.«

Mit Hut und Mantel bekleidet, kam er sofort herauf. »Was starrst du mich so an?« fragte er unwillig.

Viktor erwiderte verwirrt: »Der Mann vor der Tür trug auch Hut und Mantel.«

Eine zornige Falte bildete sich auf Herrn von Strichninskys Stirn: »Du bist wohl nicht ganz bei Trost. Ich will zu Onkel fahren. Es geht ihm schlecht. Frau Debisch wacht schon die ganze Nacht bei ihm — da kommst du mit solchem Unsinn!«

Viktor beteuerte: »Aber es war wirklich jemand an unserer Tür! Er wollte gerade aufschließen . . .«

Herr von Strichninsky schüttelte den Kopf: »Was hier alles passiert! Du siehst wohl nur noch Gespenster. Übrigens müßte ich etwas gehört haben, ich stand doch in der Diele und wollte gerade gehen.«

»Er kam ja von oben«, entgegnete Viktor.

Herr von Strichninsky drehte sich unwillkürlich zur Treppe um und sah hinauf. Still war es im Treppenhaus. Kleine Staubwölkchen schwebten im gedämpften Tageslicht über den ausgetretenen, roten Läufern. »Du meinst, er ist wieder da hinaufgegangen?«

Viktor zuckte mit den Schultern. Wie sollte er das wissen! Der Mann konnte hinauf- oder hinuntergegangen sein. Es

konnte sogar Herr von Strichninsky selbst gewesen sein, der eben versucht hatte, in ihre Wohnung einzudringen!
Herr von Strichninsky wollte der Sache auf den Grund gehen. Er forderte Viktor auf, mit ihm zum Turmzimmer hinaufzugehen. Viktor lief schnell in seine Kammer, um die Schlüssel zu holen. Als er zurückkam, sah er Herrn von Strichninsky das »Dokument« lesen, das er vorhin auf einem Stuhl in der Diele abgelegt hatte. Das war Viktor sehr unangenehm. Verlegen blieb er vor Herrn von Strichninsky stehen, der das »Dokument« zuerst sorgfältig zu Ende las und ihn dann kopfschüttelnd ansah: »Hast du diesen Unsinn geschrieben?«
Viktor schwieg. Herr von Strichninsky faltete das Papier langsam zusammen, steckte es ein und sagte drohend mit unterdrücktem Zorn: »Das wird Frau Debisch außerordentlich interessieren — deine Eltern auch!«
Schweigend gingen sie nach oben. Viktor hatte das Gefühl, auf Nadelspitzen zu gehen. An der Stelle, wo Cäcilie abgestürzt war, blieb er ein paar Schritte zurück. Herr von Strichninsky drehte sich nach ihm um. Viktor glaubte in seinen Augen ein verräterisches Funkeln zu sehen. »Was ist?« fragte Herr von Strichninsky. »Warum gehst du nicht weiter?«
Viktor zögerte. Für Herrn von Strichninsky wäre jetzt eine gute Gelegenheit, ihn zu erledigen. Auch hier würde es keinen anderen Zeugen geben als das Schweigen des dämmerigen Treppenhauses. Während er mißtrauisch Herrn von Strichninsky ansah, kam dieser einen Schritt näher. »Oder soll ich deine Gespenster allein suchen?« Viktor wich einen Schritt zurück und ließ Herrn von Strichninsky nicht aus den Augen. Der sprang aber plötzlich auf ihn zu und packte ihn vorn am Hemd. »So«, sagte er, und Viktor spürte an seinem Griff, wie zornig er war. »Jetzt glaubst du, ich werfe dich über das Geländer — das glaubst du doch!«
Erschrocken setzte sich Viktor zur Wehr. Plötzlich ließ Herr

von Strichninsky los: »Idiot! Als ob mich nicht selbst interessieren würde, ob wirklich etwas an deinen Hirngespinsten ist. Also komm jetzt!«
Herr von Strichninsky ging voran, Viktor folgte ihm, stumm und gekränkt. Oben untersuchten sie sämtliche Räume, fanden aber nichts Verdächtiges. Die vom Trockenboden auf das Dach führenden Fenster waren alle verschlossen, ausgenommen die Einstiegsluke für den Schornsteinfeger. Sie hatte zwar einen Überfallverschluß, aber der Verriegelungsstift war durchgerostet; wie es aussah, war er lange schon unbrauchbar.
Herr von Strichninsky blieb vor der Luke stehen. »Wenn das jemand weiß, kann er vom Dach her ins Haus einsteigen. Aber wer sollte das wissen?«
Viktor dachte: Vielleicht will er mich nur ablenken, und in Wirklichkeit stand er vorhin vor unserer Tür. Dann war er es auch, der bei Onkel meine Schlüssel genommen hatte, um sich davon Nachschlüssel anzufertigen. Um ihn zu provozieren, erzählte Viktor den Vorfall mit den Schlüsseln.
Herr von Strichninsky war sichtlich überrascht: »Das ist ja sehr interessant! — Oder hast du dir das auch nur wieder ausgedacht?« Er sah ihn prüfend an. Viktor kam es vor, als spielten sie Katze und Maus, und als Herr von Strichninsky vorschlug, aufs Dach zu klettern und dort einmal Umschau zu halten, wurde sein Mißtrauen noch größer. Ein Absturz vom Dach ließ sich jederzeit als Unfall darstellen!
Auf dem schrägen Dach war Viktor schon oft gewesen. Hölzerne Laufplanken führten zu den einzelnen Schornsteinen, man mußte schon schwindelfrei sein, wenn man aufrecht darüber hergehen wollte. Hingegen war das Dach des später angebauten Gebäudeteils ein Flachdach, es war der von Viktor bevorzugte Platz für ein Sonnenbad. Er ließ Herrn von Strichninsky voranklettern. Unsicher stützte er sich mit beiden Händen auf die Dachschräge. Erst als er sich ein Stück vorangetastet hatte, folgte ihm Viktor nach. Er rief ihm zu:

»Wir müssen auf das Flachdach hinübergehen. Da ist eine eiserne Leiter an der Wand des Nachbarhauses, vielleicht ist er von dort gekommen!«
Sie kletterten auf das Flachdach hinüber. Viktor immer ein Stück hinter Herrn von Strichninsky. Endlich standen sie vor der Giebelwand des etwas höheren Nachbarhauses. Sechs in die Mauer eingelassene Sprossen führten auf das Dach, der Schornsteinfeger benutzte meist diesen Weg. Viktor war natürlich schon auf dem Nachbardach gewesen und war auch schon durch eine Dachluke in das Nebenhaus eingestiegen. Wenn der Mann vorhin diesen Weg genommen hatte, war er längst über alle Berge. Als Viktor diese Möglichkeit äußerte, meinte Herr von Strichninsky: »Das ist möglich. Aber wie sollte jemand in eure Wohnung gekommen sein?«
»Das frage ich mich auch!« erwiderte Viktor.
Herr von Strichninsky streifte Viktor mit einem ärgerlichen Blick, dann sagte er überlegend, und es klang, als spreche er mehr für sich: »Wenn also wirklich jemand in eurer Wohnung war, ist er vermutlich über das Dach gekommen. Trotzdem will es mir nicht in den Kopf, wie er in die Wohnung hineinkommen und dann so schnell verschwinden konnte — das ist doch einfach ein Unding!«
Viktor dachte: Wenn ich das wüßte, wäre ich ein Stück weiter! Er sah dabei an Herrn von Strichninsky herunter; der hatte wirklich sehr große Füße. Er stand mitten in einem im Schutz der Mauer angewehten Fleck Erde. Moos und Gras hatten sich hier auf spärlichem Boden angesiedelt.
Als sie wieder zurückgingen, beeilte sich Viktor, als erster durch die Luke zu klettern. Unten sah er zu, wie Herr von Strichninsky umständlich nachkam. Seine Schuhsohlen waren aus dickem, gerilltem Gummi, die Rillen waren voller Schmutz und Erde. Herr von Strichninsky nahm Hut und Mantel, die er vor ihrer Kletterpartie an einen Wandhaken gehängt hatte, an dem sonst die Wäscheleine befestigt war, und sie gingen weiter über den großen Trockenboder

An der Innenseite der ehemaligen Außenmauer der Villa befand sich der hölzerne Kasten, der das Räderwerk des Speiseaufzugs abdeckte. An der Vorderseite des Kastens war eine Tür, die durch einen Vierkantdornschlüssel zu öffnen war. Viktor blieb vor dem Kasten stehen und sagte: »Da müßte man auch einmal hineinsehen, aber ich habe keinen passenden Schlüssel.«

Herr von Strichninsky kramte in seinen Taschen. »Sicher denkst du, ich habe solch einen Schlüssel«, sagte er und fuhr dann mit spöttischer Miene fort: »Dein Scharfsinn hat dich nicht getäuscht, ich habe tatsächlich einen!«

Er zog einen Vierkantschlüssel aus der Hosentasche und schloß die Tür auf. Dabei erklärte er: »Den Schlüssel habe ich nämlich seit neulich, als ich den Aufzug untersuchte. Ich habe nicht nur bei Frau Debisch nachgesehen, sondern auch hier oben. Zu finden ist da nichts, überzeug dich selbst. Aber gib acht, daß du nicht hineinfällst — am Ende bin ich es dann gewesen!« Er lachte und machte mit der Hand eine einladende Geste.

Viktor zögerte. Wenn er sich über den dunklen Schacht beugte, brauchte Herr von Strichninsky ihn nur an den Beinen zu packen — und dann . . .

Herr von Strichninsky weidete sich an seinem Mißtrauen. »Nur Mut, du bist doch sonst nicht so ängstlich, wenn es gilt, andere zu verdächtigen!«

Es war eine unangenehme Situation. Viktor wurde aus Herrn von Strichninsky nicht klug. Er wünschte, er wäre nie allein mit ihm hier heraufgegangen.

»Wie du willst«, sagte Herr von Strichninsky und schloß, ohne weiter zu warten, die Tür wieder zu.

Vom Trockenboden gelangte man in die Waschküche; daran schloß sich ein kleinerer Raum, vollgestopft mit Gerümpel und alten Schränken von Onkel; und am Ende ihres Weges, direkt über dem Schlafzimmer von Viktors Eltern, befand sich noch ein Bodenraum. Viktors Vater hatte ihn als Werk-

statt eingerichtet, fand aber nie Zeit, hier zu arbeiten. Die mit Blech ausgeschlagene Tür war verschlossen. Als Viktor fragte, ob er den Schlüssel holen solle, meinte Herr von Strichninsky, daß das nicht nötig sei; er glaube nicht an Gespenster, die durch Schlüssellöcher ein und aus gehen. Dann fragte er ganz nebenbei: »Wie kommt es überhaupt, daß du schon wieder zu Hause bist, die Ferien haben doch noch gar nicht angefangen?«
Viktor überlegte kurz und erklärte, daß ein Lehrer krank sei und er darum früher aus der Schule gekommen sei. Mit Bedacht sagte er nichts davon, daß er eigentlich schon jetzt Ferien habe; denn der heimliche Besucher kam immer dann, wenn anzunehmen war, daß sich niemand in der Wohnung befand. Oder er kam nachts, wenn alle schliefen. Vor Viktors Wohnungstür fragte Herr von Strichninsky überraschend: »Was ist das eigentlich für ein Tagebuch von Cäcilie? Hast du es gefunden?« Demnach hatte ihn das die ganze Zeit beschäftigt.
Das Tagebuch wollte Viktor auf keinen Fall aus der Hand geben. Wer garantierte ihm, daß Herr von Strichninsky dieses wichtige Beweisstück wieder zurückgab! Weil ihm in der Eile nichts Besseres einfiel, log er: »Es ist verschwunden, es lag bei mir im Zimmer.«
Herr von Strichninsky verlor fast die Fassung und platzte heraus: »Das wird ja immer verrückter! Aber das sage ich dir, wenn du so ungeheuerliche Behauptungen aufstellst, mußt du sie auch beweisen können. — Das sind ja ganz infame Verleumdungen, was du da aufgeschrieben hast!«
Er ließ ihn stehen und ging nach unten. Viktor verzog sich in die Wohnung. Da hatte er sich eine schöne Geschichte eingebrockt! Ziellos ging er durch die Zimmer; der Auftritt mit Herrn von Strichninsky hatte ihn ziemlich durcheinandergebracht und ihm allen Schwung genommen. Es war kurz nach zwölf Uhr mittag. Bis Cora nach Hause kommen würde, waren es noch fast zwei Stunden. Unten klappte die

Haustür. Viktor lief ans Fenster im Herrenzimmer und sah Herrn von Strichninsky durch die Gartenpforte auf die Straße gehen. Sicher fuhr er jetzt zu Onkel hinaus und zeigte Frau Debisch das »Dokument«. Viktor wußte, daß nun außer ihm und der alten Wirtschafterin, Frau Lochow, niemand mehr im Haus war. Er zog sich schleunigst in die Sicherheit seiner Kammer zurück. Dabei kam er an dem Kaminspiegel vorbei, in dem er die unheimliche Gestalt gesehen hatte. Es zog ihn mit magischer Gewalt, in den Spiegel zu sehen. Doch seine Furcht vor dem, was er hier sehen könnte, war zu groß. Schnell und mit abgewandtem Gesicht ging er weiter, von dem Gefühl begleitet, aus dem Spiegel von einem starr blikkenden Augenpaar verfolgt zu werden. Mit seinen Nerven stand es nicht mehr zum Besten! In seiner Kammer riegelte er sich ein. Dabei erinnerte er sich an ein ganz interessantes Detail, dem er bisher noch keine Beachtung geschenkt hatte. Als er mit Frau Debisch und Herrn von Strichninsky die Wohnung durchsuchte, blieb er doch ein paar Minuten mit Herrn von Strichninsky in der Kammer, während Frau Debisch allein durch den Korridor ging. Als sie nachkamen, stand Frau Debisch an der Tür zur Hintertreppe, der Türriegel war vorgeschoben, und Herr von Strichninsky sagte sofort: »Hier kann er nicht entwischt sein.« Aber wenn nun Frau Debisch den Riegel vorgeschoben hatte . . .?!

Viktor sah auf die Uhr, die neben dem Fenster an der Wand hing. Die verzierten Zeiger des altmodischen Regulators standen auf halb eins — noch über eine Stunde, bis Cora nach Hause kommen würde. Gedankenvoll starrte er auf die schwarzen, römischen Zahlen des Ziffernblattes und den gleichmäßigen Schwung des Pendels, das schon zu Cäcilies Zeit die Stunden gemessen hatte. Die beiden Gewichte waren ziemlich weit unten angelangt. Viktor stieg auf einen Stuhl und schraubte sie mit dem Uhrschlüssel in die Höhe. Die Gewichte waren längliche Messingzylinder und an ihrer Unterseite durch einen zierlichen Schraubdeckel verschlossen. Er hob die Gewichte an, sofort blieb die Uhr stehen. Er hängte ein Gewicht aus und ließ das andere los, auch jetzt blieb die Uhr stehen. Er versuchte, den Verschluß des Zylinders zu lösen; ohne Mühe ließ sich der Deckel abschrauben. Das Innere des Zylinders war vollgestopft mit steinhart gewordenen Marzipankugeln, Zuckerwerk, wie es am Weihnachtsbaum hängt, eingetrockneten Nußkernen und schwarz zusammengeschrumpften Rosinen. Viktor war auf ein geheimes Vorratslager von Cäcilie gestoßen! Schon der Fundort ihres Tagebuches ließ darauf schließen, daß sie sich gedrängt gefühlt hatte, alles, was sie besaß, zu verstecken. Warum? Fürchtete sie, daß man ihr etwas wegnehmen wollte, oder äußerte sich darin das, was Herr Opitz ihre Überspanntheit nannte? Oder entsprang diese Sucht, alle ihre Habseligkeiten zu verstecken, ganz einfach ihrer Angst vor einer unheimlichen Bedrohung ihres Lebens?

Viktor untersuchte auch den zweiten Messingzylinder. Ganz zuunterst stieß er auf eine zusammengeknetete Masse aus Pfefferkuchen. Das Zeug saß so fest, daß er es mit einem Taschenmesser herausschneiden mußte. Als er den Pfropfen endlich herausziehen konnte, fiel aus dem Messingzylinder eine Anzahl kleinerer, geschliffener Glassteine. Sie funkelten und glitzerten im Licht wie die Augen des Krokodils, das ihm Herr Opitz geschenkt hatte. Viktor ließ die Steine nachdenklich durch seine Finger gleiten — merkwürdige Dinge, die Cäcilie versteckte!

Er verwahrte die Glassteine in einer Schachtel und versteckte die Schachtel unter seiner Matratze, wo schon das Tagebuch und das Foto von Cäcilie lagen. Angeregt durch den Fund, blätterte er wieder in dem Tagebuch, von dem sich seine Fantasie immer wieder aufs neue beflügelt fühlte. Außer den schon beschriebenen Darstellungen und der letzten, unheimlichen Szene vor dem Treppengeländer fand Viktor keine Zeichnung, die von ihrem Inhalt her neue Anhaltspunkte geboten hätte. Er richtete daher seine Aufmerksamkeit mehr

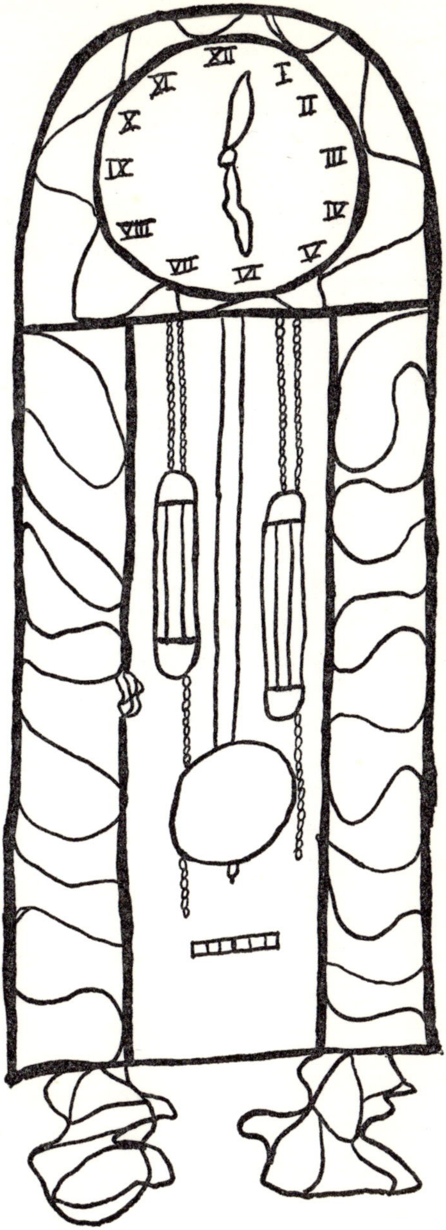

auf die Seiten, wo bei oberflächlicher Betrachtung nur alltägliche Begebenheiten festgehalten waren. Zum Beispiel waren da ein paar Blätter, auf denen überwiegend Handwerker das Bild beherrschten. Offenbar waren diese Zeichnungen zur Zeit des Anbaus des hinteren Gebäudeteils entstanden. Frau Debisch war hier mehrere Male abgebildet, immer in Begleitung desselben, auffällig lang und hager dargestellten Handwerkers. Zwei Bilder zeigten die beiden an der ehemaligen Außenmauer des Hauses. Frau Debisch wies mit der ausgestreckten Hand nach oben, der Handwerker und sie blickten die Mauer hinauf.

Auf einer der nächsten Seiten waren Tannenzweige, brennende Kerzen und Christbaumkugeln abgebildet. Also eine Szene aus der Weihnachtszeit. Im Vordergrund des Bildes erkannte er Cäcilie und einen Jungen. Sie rannte vor ihm davon, in der hocherhobenen Hand hielt sie ein kleines Lederkrokodil, während der Junge hinter ihr herlief und — anscheinend vergeblich — die Hand nach dem Krokodil ausstreckte. Das war nichts Besonderes, nur heute fiel Viktor auf: Dieses Krokodil hatte im Gegensatz zu allen anderen Krokodilen, die in dem Tagebuch abgebildet waren, blutrote Augen; sie waren durch ihre Größe und die leuchtend rote Farbe besonders hervorgehoben. Plötzlich erschienen Viktor die zahlreichen, meist als Randzeichnungen auftretenden Krokodile in dem Tagebuch von sinnbildhafter Bedeutung: gefräßige Ungeheuer, unersättlich in ihrer Gier! Viktor wurde in seinem Vorsatz bestärkt, die Rätsel dieses Hauses zu lösen.

6 *Ein gefährliches Experiment*

Cora kam gegen zwei Uhr nach Hause. Sie setzte sich sofort ans Klavier. Zeitweilig war sie von einem brennenden Ehrgeiz besessen. Viktor hörte es gern, wenn sie spielte; besonders gut gefielen ihm die Stücke von Chopin, die sie seit neuestem übte. Er öffnete die Salontür einen Spalt, damit er zuhören konnte, wenn er, wie er sich vorgenommen hatte, die Speiseaufzugstür untersuchte. Auch hatte er so das Gefühl, nicht allein zu sein.

Er holte den Schlüsselkasten aus der Besenkammer und probierte alle vorhandenen Schlüssel aus. Die meisten paßten überhaupt nicht. Einige ließen sich zwar in das Schlüsselloch stecken, schlossen aber nicht. Schließlich fand er aber doch den Schlüssel, der mühelos ins Schloß paßte und sich auch drehen ließ. Doch die Tür ging nicht auf. Viktor zog und zerrte, die Tür bewegte sich nicht. Es war, als würde sie von innen zugehalten. Der Gedanke war natürlich unsinnig, doch er verursachte Viktor so viel Unbehagen, daß er seine Versuche abbrach. Er nahm sich aber vor, es mit einem Brecheisen noch einmal zu probieren. Vielleicht hatte sich die Tür mit der Zeit so verzogen, daß sie klemmte. Ein Brecheisen befand sich oben in der Werkstatt. Doch Viktor scheute sich, allein auf den Boden zu gehen. Er fragte Cora, ob sie nicht mit ihm kommen wolle: »Wir könnten uns Onkels Schränke ansehen«, gab er vor.

In der Regel war Cora für einen solchen Vorschlag gleich zu haben. Doch heute schüttelte sie den Kopf und sagte: »Erst wenn ich mit meinen Übungen fertig bin.«

Viktor setzte sich in einen der gelbschimmernden, mit Seide überzogenen Polstersessel und wartete. Die melancholischen Akkorde, Läufer, Triller und Doppelschläge regten seine

Fantasie an. Er fühlte sich in die Zeit zurückversetzt, da Cäcilie ihr kurzes Dasein lebte. Er sah den vielbeschäftigten, stets auf äußere Etikette bedachten Onkel, wie er Reichtum auf Reichtum häufte. Handelsherren aus aller Welt wurden hier im Salon empfangen, Herren mit hohen, steifen Kragen, die bunte Westen und Röhrenhosen trugen. Sie saßen in den Polstersesseln, rauchten schwarze Brasilzigarren, strichen sich über ihre stattlichen Bärte oder spielten mit ihrer vor der Weste baumelnden, goldenen Uhrkette. Vom Turmzimmer kam Onkels Compagnon herunter, gesellte sich zu ihnen oder hielt sich als aufmerksamer Beobachter im Hintergrund. Onkel ging zum Sekretär, holte Papier und Dokumente, man tauschte Verträge aus, unterschrieb und siegelte. Frau Debisch kam herein und brachte den Herren einen Kognak. Sie nickte hoheitsvoll mit hochgetürmter Frisur, Seide und Rüschen raschelten, und ihre glühenden Augen taxierten jeden nach Rang, Reichtum und Nützlichkeit. Draußen vor der Villa warteten die Kutscher der Gäste. Die Pferde senkten die Köpfe in der Sonne, und die Kutscher dösten auf den Böcken oder sahen gutmütig zu, wie Cäcilie, bekleidet mit Strohhut, weißbebändertem Kleid und hohen Schnürschuhen, den Pferden Zucker gab. Nachher erhielt sie Schelte von Frau Debisch, weil die Pferde das weiße Kleid beschmutzt hatten oder die weißen Strümpfe verrutscht waren. Dann sah Viktor Cäcilie mit dem Sohn von Herrn Mörlin spielen. Sie spielten ihr Gespensterspiel. Sie hatten sich in weiße Tücher gehüllt, versteckten sich voreinander und erschreckten sich gegenseitig, auf dem Boden, auf der Treppe, im Keller. Dabei stellte sich Viktor Herrn Friedrich Mörlin als jähzornigen, empfindlichen Jungen vor, der ständig mit Cäcilie stritt.

Er sah Cäcilie in einem Winkel hocken, vor sich ihr Tagebuch und mit . . .

Das Telefon schreckte ihn aus seiner Versunkenheit auf. Cora brach ihr Spiel ab. Viktor hatte eine ganz bestimmte

Ahnung, wer jetzt anrufen konnte, und sagte: »Cora, geh du ran, das ist bestimmt Frau Debisch!« Bestimmt war Herr von Strichninsky soeben im Landhaus eingetroffen und hatte ihr sofort das »Dokument« gezeigt. Jetzt wollte sie ihn sicher zur Rede stellen!
Cora nahm den Hörer ab. Es war tatsächlich Frau Debisch. Sie verlangte aber nicht Viktor zu sprechen, sondern Louise. Cora sagte: »Louise ist noch nicht daheim, ich werde es aber ausrichten.« Sie legte auf. Onkels Gesundheitszustand hatte sich erheblich verschlechtert. Frau Debisch bat, daß man das Louise sofort mitteilte. Auch sollten sie den Vater benachrichtigen, damit er vorbereitet wäre, im schlimmsten Fall gleich zurückzukommen. Von Viktor hatte Frau Debisch nichts erwähnt. Er hoffte schon, daß Herr von Strichninsky vielleicht doch nichts von dem letzten Vorfall gesagt hatte. Cora wollte nicht mehr weiterspielen. Da könnten sie wohl jetzt zusammen die oberen Räume inspizieren, meinte Viktor. Sie hatte aber plötzlich keine Lust mehr, ihn zu begleiten. Er sah verdrossen zum Fenster hinaus und sagte:
»Aber vorhin wolltest du doch.«
»Jetzt eben nicht«, erwiderte sie und packte ihre Noten ein. Nun hielt Viktor den Zeitpunkt für gekommen, Cora in alle seine Beobachtungen, Entdeckungen und Verdachtsgründe einzuweihen. Danach würde sie sicher eher bereit sein mitzukommen. Als er nach und nach erzählt hatte, was ihm in den letzten Tagen aufgefallen war, zeigte sich Cora mehr beeindruckt, als er erwartet hatte. Auf der Stelle wollte sie das Tagebuch und die Glassteine sehen. Viktor führte sie in seine Kammer und holte die gesammelten Beweisstücke unter der Matratze hervor. Die Steine hätte Cora am liebsten gleich für sich behalten und nachdem sie eingehend das Tagebuch studiert hatte, sagte sie:
»Das muß man sofort Vati schicken!«
Viktor war anderer Meinung. Er sagte: »Stell dir vor, wir sind da wirklich einem Verbrechen auf der Spur. Bis Vati

zurückkommt, ist es dann vielleicht schon zu spät! Auch glaube ich, daß unser heimlicher Besucher nur so lange kommen wird, wie Vati nicht hier ist.«

Cora fand das sehr aufregend. »Du meinst wirklich, er hat etwas mit Cäcilie zu tun?« fragte sie.

Viktor machte eine vielsagende Geste: »Das behaupte ich nicht, aber soviel ist sicher: Cäcilie ist nicht von selbst abgestürzt, es hat jemand nachgeholfen!«

Cora war nun auch überzeugt, daß sie in dieser Angelegenheit etwas unternehmen mußten. Und sie wollte jetzt Viktor auch bei seinem Gang in die Werkstatt begleiten. Er holte sein Luftgewehr und den Werkstattschlüssel, schob den schweren Riegel der Hintertür zur Seite, und sie gingen über die Hintertreppe zu den Bodenräumen hinauf. Jetzt war es Cora, die überall verdächtige Geräusche zu hören glaubte. Sie blieb wiederholt stehen und erschreckte Viktor mit der Frage: »Hast du gehört?«

Nun muß eingeflochten werden, daß die Hintertreppe der Villa wie geschaffen war, ein Gefühl der Beklemmung zu verursachen. Sie war eng, gewunden und noch düsterer als die Vordertreppe. Viktor bemerkte: »Hier möchte ich nicht Dienstbote gewesen sein.« Es sollte leichthin klingen, Cora merkte es aber seiner Stimme an, daß er sich gar nicht so überlegen fühlte, wie er auftrat. Die Treppe endete vor der Waschküchentür. Einen Vorplatz zwischen Tür und oberstem Treppenabsatz gab es nicht. Mit vorgehaltenem Luftdruckgewehr stieß Viktor die Tür auf. Blank gescheuert standen die umgedrehten Waschbottiche auf dem Steinfußboden, sie sahen wie schlafende Riesenschildkröten aus. Es roch nach Seife und abgestandenem Wasser. Viktor trat zuerst ein. Links befand sich die Tür zum großen Trockenboden, sie stand weit offen. Viktor schlug sie krachend zu und drehte den Schlüssel um.

»Von dort kann uns niemand mehr überraschen«, sagte er zu Cora.

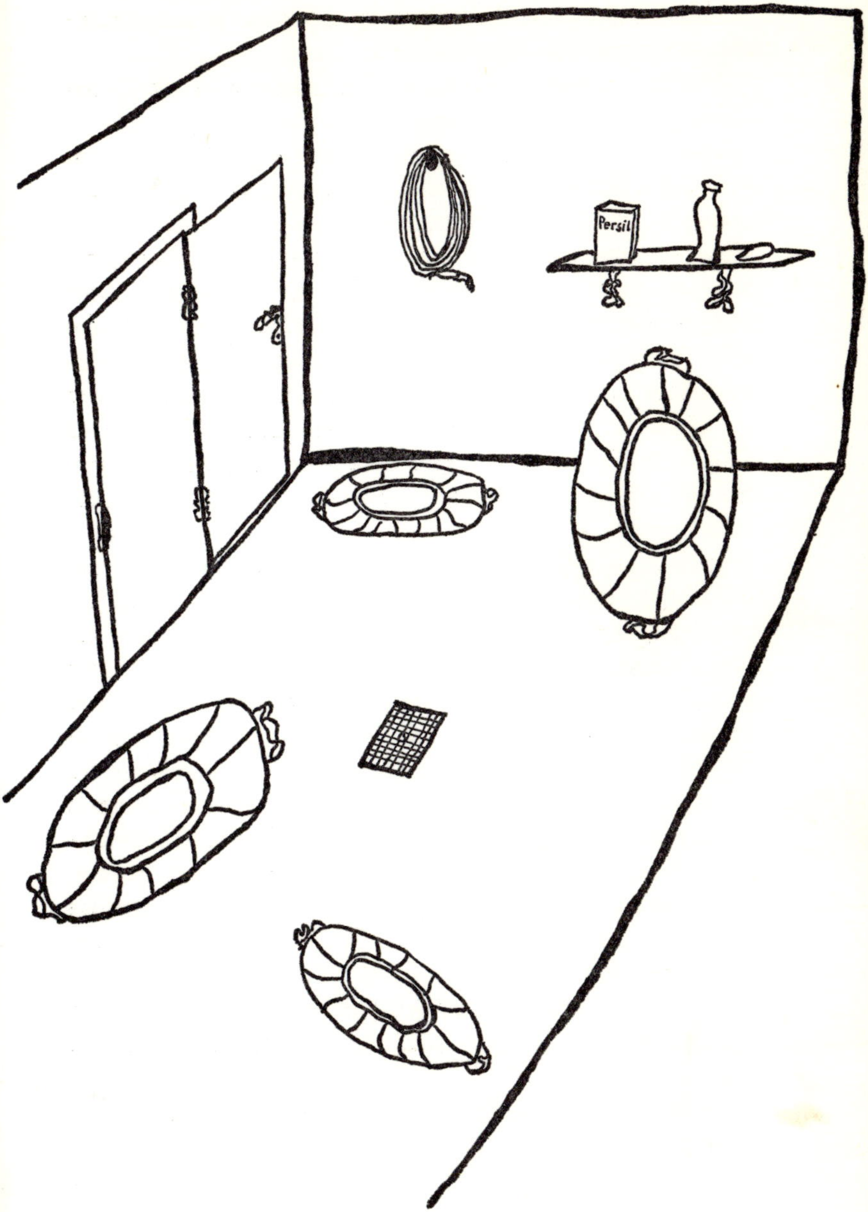
Persil

Sie durchquerten die Waschküche und betraten den anschließenden Bodenraum, der die gesamte Breite des hinteren Gebäudeflügels einnahm. Viktor und Cora begannen gleich, die alten Schränke von Onkel zu durchstöbern. Der eine war vollgestellt mit Geschirr, Weingläsern, Vasen, Porzellanfiguren und Nippsachen. Ein anderer enthielt Kleidungsstücke von Onkel, seiner verstorbenen Frau und von Cäcilie. Viktor hatte die Schränke schon früher inspiziert, heute interessierten ihn besonders Cäcilies Kleider. Er nahm ein Kleid und zeigte es Cora. Als sie es sich zur Probe vorhielt, rief Viktor: »Halt, bleib so stehen!« Er trat ein paar Schritte zurück und musterte Cora wie ein Fotograf, der ein ungewöhnliches Motiv entdeckt hat. Dann sagte er: »Jawohl, das werden wir tun.« Es war ein ausgefallener Gedanke, auf den Viktor gekommen war, aber er war ganz versessen darauf. Cora sollte Cäcilies Kleid anziehen, den weißen Strohhut aufsetzen, den er noch im Schrank gefunden hatte, und sich so gekleidet an das Treppengeländer der Vordertreppe stellen. Vielleicht würde er beim Anblick der als Cäcilie verkleideten Cora die richtige Lösung finden, vielleicht aber würde Cora in Cäcilies Kleid nachempfinden können, was damals wirlich geschehen war! Es war ein Experiment, sozusagen eine Art Lokaltermin. Es kam auf den Versuch an!
Cora erschrak über seinen Vorschlag. »Zum Schluß springe ich selbst hinunter!« sagte sie. Ihren Einwand, das Kleid sei ihr doch viel zu klein, tat Viktor kurzerhand ab: »Hauptsache, du kommst hinein.«
Viktor sperrte die Tür zur Werkstatt auf, und sie gingen mit Cäcilies Kleidungsstücken hinein. Zuerst mußte eines der Fenster geöffnet werden, weil die Luft in dem Raum so stikkig war. Dann zog Cora Rock und Pullover aus und zwängte sich in das Kleid. Cora war für ihr Alter verhältnismäßig klein und zierlich. Für das Kleid der zehnjährigen Cäcilie war sie aber doch schon zu groß; es saß sehr knapp und ließ sich nicht schließen. Die gelben, hohen Schnürstiefel paßten

wie angegossen, Cora hatte sehr kleine Füße. Zuletzt setzte sie sich noch den weißen Strohhut auf und sah erwartungsvoll ihren Bruder an. Viktor war außerordentlich beeindruckt. Seine Schwester schien ihm in Cäcilies Kleid ganz verändert; fast glaubte er, Cäcilie vor sich zu sehen. Mit gemischten Gefühlen gingen sie über den Trockenboden zum vorderen Treppenhaus. Viktor wurde dabei das Gefühl nicht los, ein gefährliches Experiment zu wagen.

Auf dem Vorplatz lehnte sich Cora über das Treppengeländer und sah in die Tiefe. »Mir ist, als wollte mich jemand hinabziehen«, sagte sie mit unsicherer Stimme.

Viktor stand hinter ihr. Er nickte zufrieden: »Gut so, du mußt dich ganz in Cäcilie hineindenken!« Und mit erhobener Stimme: »Du bist Cäcilie, du bist Cäcilie!«

Cora starrte weiter hinunter, Viktor merkte, wie sie leicht erschauerte, schon glaubte er eine Veränderung an ihr zu sehen. Er verdoppelte seinen Eifer, seine Stimme bekam einen beschwörenden Klang: »Du mußt dich weiter hinauslehnen und dabei fest an Cäcilie denken. Du bist Cäcilie, Cäcilie!«

Cora befolgte seine Aufforderung und lehnte sich weit über das Geländer. Wenn ich ihr jetzt einen Stoß gebe, stürzt sie in die Tiefe! durchzuckte es Viktor. Er erschrak bei der Vorstellung. Plötzlich war ihm klar, wie leicht ein Unglück geschehen kann. Ihm wurde unheimlich zumute, er flüsterte heiser: »Was siehst du jetzt?«

»Nichts«, sagte Cora.

Viktor war enttäuscht. Cora schien doch nicht das geeignete Medium zu sein. Er streckte seine Hände gegen sie aus und wiederholte: »Was siehst du jetzt?«

Ein Schrei in seinem Rücken ließ ihn zusammenfahren. Seine erste Regung war, Cora vom Geländer zurückzureißen. Er tat das mehr aus Instinkt als aus Überlegung. Hinter ihnen stand Frau Lochow, sie war unbemerkt aus einer der Bodenkammern von Frau Debisch gekommen. Sie schlug die Hän-

de vors Gesicht und rief: »Herrje Cäcilie! Cäcilie!« Entgeistert starrte sie Cora an. Viktor war der Schreck derart in die Glieder gefahren, daß er kein Wort herausbrachte. Er hielt Cora fest, als könne sie immer noch abstürzen.

Jetzt erkannte Frau Lochow, wen sie vor sich hatte. »Das ist eine Art, einen so zu erschrecken!« schimpfte sie. Sie war außer sich vor Empörung. Viktor machte erst gar nicht den Versuch zu erklären, worum es hier ging. Er sagte nur, daß sie etwas ausprobieren wollten.

Frau Lochow schimpfte weiter: »Ist wohl nicht genug, wenn eine zu Tode gekommen ist. Aber fangt nur so an wie Cäcilie und Friedrich, eines Tages liegt ihr auch noch unten!«

Viktor horchte auf. »Was haben denn Cäcilie und Herr Mörlin getan?« fragte er.

Frau Lochow sah ihn mißtrauisch an, dann antwortete sie kurz: »Miteinander gespielt haben sie, was sonst!«

Viktor wurde deutlicher: »Sie haben sich als Gespenster verkleidet, nicht wahr?«

»Wer hat dir denn das erzählt?« fragte Frau Lochow erstaunt, und ärgerlich fügte sie hinzu: »Was geht dich überhaupt Cäcilie an!«

»Soviel, wie es in diesem Haus merkwürdige Dinge gibt!« erwiderte Viktor würdevoll.

Fast sah es aus, als wollte ihm Frau Lochow eine Ohrfeige verabreichen. Sie fuhr ihn wütend an: »Ach so ist das! Herr von Strichninsky hat mir schon erzählt, welchen Unsinn du verbreitest. Es wird Zeit, daß dein Vater davon erfährt!«

Sie trennten sich ohne ein weiteres Wort. Frau Lochow ging nach unten. Viktor und Cora gingen über den Trockenboden zurück; denn sie hatten nur den Schlüssel für die Hintertür mitgenommen. Außerdem mußte sich Cora in der Werkstatt noch umziehen. Viktor war mit dem überraschenden Ausgang des Experiments sehr zufrieden. Er sagte zu Cora: »Siehst du, sobald man hier den Fall Cäcilie anrührt, ist es, als ob man in ein Wespennest stößt.«

Der unvorhergesehene Auftritt mit Frau Lochow gab seinen Gedanken und Plänen eine ganz neue Richtung. Und er hatte das Gefühl, seine Einfälle unbedingt jemandem mitteilen zu müssen. Cora, mit der ihn heute eine seltene Einmütigkeit verband, hörte ihm gespannt zu. »Wenn ich richtig vermute«, begann er, »besteht zwischen den Besuchen des geheimnisvollen Unbekannten und Cäcilie irgendein Zusammenhang. Wahrscheinlich hat das auch etwas mit Onkel zu tun. Auf keinen Fall handelt es sich um einen gewöhnlichen Einbrecher. Ein solcher hätte längst das eine oder andere mitgenommen. Aber nichts fehlt, nur soviel steht fest: Er war hier, und das nicht nur einmal. Was will er also?«

»Er sucht etwas«, antwortete Cora.

»Richtig«, erwiderte Viktor. »Vielleicht sucht er etwas, das ihn belastet und das er vernichten möchte. Oder er sucht etwas, das andere belastet und das er gegen diese verwenden möchte!« schloß er mit überlegener Miene.

»Vielleicht sucht er auch nur das Testament von Onkel, oder er will sich über Onkels Vermögen orientieren«, sagte Cora.

»Vielleicht«, gab Viktor zu. »Aber damit wird er nicht viel Glück haben, das Testament von Onkel liegt im Tresor, und den kann er nicht so ohne weiteres öffnen. Doch was er auch sucht, wir müssen ihm eine Falle stellen.«

»Du meinst die Wollfäden?«

Viktor schüttelte den Kopf: »Die sind gar nicht mehr so wichtig. Er war hier, und er wird wiederkommen. Das steht fest. Ich denke da an etwas anderes.«

»Was denn?« fragte Cora neugierig.

Viktor machte eine bedeutungsvolle Pause. Er versprach sich viel von seinem Plan. Er wollte eine lebensgroße Puppe anfertigen, die ungefähr Cäcilies Größe besaß. Diese Puppe wollte er nachts an der Stelle aufstellen, wo sich damals das Unglück ereignet hatte. Es blieb dann nur abzuwarten, wie der nächtliche Besucher darauf reagieren würde. Der Einfall mutete fantastisch an und erwies sich, wenn man ihn ausführte, vielleicht nur als Spielerei, jedenfalls aber war Frau Lochow, als sie die als Cäcilie verkleidete Cora erblickte, aufs äußerste erschrocken. Und eine ähnliche Wirkung versprach sich Viktor von der Puppe. »Ein plötzlicher Schreck hat schon so manchen Menschen mit einem schlechten Gewissen verraten«, sagte er beziehungsreich.

Cora war von der Idee begeistert. Besonders reizte es sie, die Puppe so naturgetreu wie möglich herzurichten. Dabei bewies sie viel Geschick und Erfindungsreichtum. Viktor hätte wohl nur eine Vogelscheuche zuwegegebracht. Der Einfall, die Schneiderbüste als Mittelteil der Puppe zu verwenden, stammte allerdings von ihm. Sie gingen ins Turmzimmer hinauf, um die Büste zu holen, vorbei an der Stelle, wo Cora vor ein paar Minuten noch die Rolle Cäcilies gespielt hatte. »Da wird sie stehen!« sagte Viktor und zeigte auf das Treppengeländer.

Im Turmzimmer erkannte Viktor sofort, daß hier jemand von Grund auf alles durchwühlt und durchstöbert haben mußte. Es herrschte eine unbeschreibliche Unordnung. »Das war ER!« sagte Viktor, und Cora blickte sich scheu um. Auch Viktor hatte das unangenehme Gefühl, es könne jeden Augenblick jemand hinter einem der Schränke hervortreten.

Cora sagte mit gedämpfter Stimme: »Der scheint wirklich überall herumzuspionieren. Ich möchte nur wissen, wie er durch all die Türen kommt.«

Viktor erklärte fachkundig: »Das ist kein Kunststück, solch einfaches Zimmertürschloß öffne ich mit jedem Draht!« Trotzdem übte die Vorstellung, daß der Unbekannte auch hier im Turmzimmer gewesen war, eine bedrückende Wirkung auf ihn aus. Überall stieß man auf Spuren von ihm, aber nie war er zu fassen. Es war, als hätten sie es mit einem Fantom zu tun.

Sie trugen die Schneiderbüste in die Werkstatt, wo auch schon die Kleidungsstücke von Cäcilie lagen. Die größten Schwierigkeiten bei der Anfertigung der Puppe bereiteten ihnen Kopf, Arme und Beine. Erst nach mehreren Versuchen bekam Cäcilie Gestalt. Als Beine nahmen sie zwei ausgediente Besenstiele, die Viktor auf die richtige Länge absägte und an einem Ende anspitzte. Die Spitzen trieb er von unten in die Schneiderbüste. Über die Stiele zogen sie ein Paar helle, lange Strümpfe und stopften sie formgerecht mit Kissenfüllung aus. Darüber zogen sie noch ein Paar weiße Kniestrümpfe von Cäcilie, und diese Beine steckten sie in Cäcilies hohe Schnürstiefel. Die langen Ärmel des Kleides stopften sie ebenfalls aus. Unten an die Ärmel nähte Cora ein Paar Netzhandschuhe, in die Viktor vorher ein fingerähnliches Gestell aus biegsamem Draht gesteckt hatte. Nur der Kopf stellte sie vor eine schier unlösbare Aufgabe. Schließlich versuchten sie es mit einem Gummiball. Sie malten ihn hellgelb, malten Augen, Nase und Mund darauf und befestigten ihn mit einem Holzpflock auf der Schneiderbüste. Es fehlten nur noch die Haare. Cäcilie hatte dunkelblondes, langes Haar gehabt. Louises abgeschnittene Zöpfe hatten fast die gleiche Farbe.

Viktor gefiel der Gummiball als Kopf überhaupt nicht, er gab der Puppe ein nahezu lächerliches Aussehen. Während sie nach unten gingen, um Louises Zöpfe aus der Wäschekommode der Mutter zu holen, sann er ständig auf eine bessere Lösung. Da fiel ihm der Totenkopf ein, der im Herrenzimmer auf dem Bücherschrank stand. Onkel hatte sich das Ding, das wohl an die Vergänglichkeit des Lebens erinnern sollte, vor Jahren einmal angeschafft. Es war nur ein imitierter Totenkopf. Er konnte nicht verstehen, daß man sich so etwas in das Zimmer stellt.

Als er Cora den Vorschlag machte, der Puppe den Totenkopf aufzusetzen, stieß er auf größte Ablehnung. Was Viktor auch fühlte, sich aber nicht eingestehen wollte, drückte Cora deutlich aus: »Das kommt mir wie ein Frevel vor. Ich finde, das geht zu weit. Ich habe bestimmt die ganze Nacht Alpträume, wenn ich weiß, daß das Ding da oben steht!«

Gerade das wollte Viktor erreichen. Cäcilie sollte dem nächtlichen Eindringling wie ein Alptraum erscheinen. Widerstrebend gab Cora nach. Sie holten den Totenkopf vom Bücherschrank und klebten ihm Louises aufgeflochtene Zöpfe rings um die kahle Schädeldecke. Dann trugen sie ihn hinauf und steckten ihn auf die Schneiderbüste; obenauf setzten sie noch den weißen Strohhut. Von hinten gesehen, hatte die fertige Puppe wirklich eine gewisse Ähnlichkeit mit Cäcilie; aber wenn man ihr ins Angesicht sah . . .!

Sie versteckten die Puppe in der Werkstatt hinter dem staubigen, verblichenen Vorhang des großen Geräteschrankes und gingen in die Wohnung zurück. Viktor hatte das Brecheisen mitgenommen und versuchte, damit die Aufzugstür zu öffnen. Doch sie gab keinen Spalt nach. Es war demnach unmöglich, daß jemand durch den Aufzug in die Wohnung gelangt sein konnte. Nur eine Schlußfolgerung blieb: Zur Wohnung bestand ein geheimer Zugang!

Während Viktor mit dem Brecheisen in der Hand vor der Aufzugstür stand und über die Möglichkeit eines geheimen Zugangs zur Wohnung nachdachte, kam Louise vorbei. Sie fragte sofort, was er da mache.

»Nichts«, sagte er.

»Dämliche Antwort«, erwiderte sie. »Als ob du nicht schon genug angestellt hast!«

»Übrigens hat Frau Debisch angerufen«, antwortete Viktor.

»Cora hat mir schon erzählt, daß es Onkel nicht gut geht. Ich habe Vater gerade angerufen. Daß du mit Brecheisen unsere Türschlösser bearbeitest, davon habe ich ihm allerdings noch nichts gesagt.«

Viktor ließ von der Tür ab und ging in seine Kammer. Luoise kam hinterher. »Damit du dich schon darauf einstellst: Heute abend kommen Karl-Heinz und ein paar Freunde zu mir. Du brauchst dich erst gar nicht hinter den Vorhängen zu verstecken, das macht nicht den geringsten Eindruck auf uns!«

Viktor antwortete gelangweilt: »Du kannst dir einladen, wen du willst, mich interessiert das nicht so viel!«
Louise sah ihn feindselig an: »Am besten, du schläfst heute gleich im Schlafzimmer von Vati und Mutti, sonst bekomme ich wieder Vorwürfe, daß du nicht einschlafen konntest!«
Es hatte noch immer Streit gegeben, wenn Louise ihre »Clique« zu Besuch hatte. Die halbe Nacht würde nicht ans Einschlafen zu denken sein, wenn das Gelaufe zur Küche und von der Küche an seiner Kammer vorbei ging. Viktor sah eine Gelegenheit, mit Louise vorübergehenden Waffenstillstand zu schließen; er glaubte, es nötig zu haben, und sagte: »Meinetwegen! Aber du brauchst mich auch nicht gleich bei Vati zu verpetzen.«
Louise wurde freundlicher. »Ich bring dir auch eine ordentliche Portion von dem Heringssalat, den ich nachher mache«, versprach sie. Zeitweilig verstanden sie einander ganz gut, besonders dann, wenn einer vom anderen etwas haben wollte. Die Puppe heute aufzustellen würde allerdings wenig Sinn haben. Wenn die Eltern nicht da waren, blieben Louises »gesellige Abende« nicht nur auf die vorderen Zimmer beschränkt. Sie belegte dann die ganze Wohnung mit Beschlag. Es war schon vorgekommen, daß man in vorgerückter Stunde in das Turmzimmer hinaufging, wo sich Karl-Heinz und seine Kommilitonen unter dem kritischen Blick Louises mit Onkel Debischs Fechtdegen schlugen. Natürlich nur aus sportlichen Ambitionen, aber mit desto größerem Hallo. Viktor wollte Cäcilies Ebenbild nicht der Gefahr aussetzen, Unterhaltungsobjekt einer ahnungslosen, angeheiterten Schar zu sein; dafür war ihm die Sache viel zu ernst. Schon um sieben Uhr war das Haus voller Gäste. Louise hatte Viktor vorsorglich im Schlafzimmer der Eltern das Bett gerichtet. Am liebsten hätte sie es gesehen, wenn er gleich darin verschwunden wäre. Er saß aber in seiner Kammer und wartete auf den versprochenen Heringssalat. Louise war aber damit nicht rechtzeitig fertig geworden. Unter Mithilfe der

ganzen Gesellschaft werkte sie in der Küche. Dort ging es zu wie bei einem Volksfest. Das Gelächter, das aus der Küche drang, paßte gar nicht zu Viktors augenblicklicher Stimmung. Wie gern wäre er hingegangen und hätte der Sorglosigkeit Louises und ihrer Freunde mit der schlimmen Offenbarung ein Ende bereitet, daß dieses Haus von Verbrechen und gewaltsamem Tod heimgesucht sei.
Endlich brachte Louise den Heringssalat. Hinter ihr kam Karl-Heinz durch die Tür. »Du ißt sicher am liebsten hier«, sagte sie.
Karl-Heinz sagte: »Ganz selbstverständlich, der große Häuptling ißt in seinem Zelt!« Er glaubte, Viktor mit dieser Bemerkung einen Gefallen zu tun. Aber er hatte sich geirrt. Viktor hatte andere Probleme, als sich als Indianerhäuptling zu fühlen.
Karl-Heinz nahm das Luftgewehr, das neben Viktors Bett an der Wand lehnte. »Geladen?« fragte er.
Viktor nickte mit dem Kopf und sagte: »Die Kugelfrüchte der Platane sind ein gutes Ziel, man muß sie aber genau in der Mitte treffen.«
Karl-Heinz trat ans Fenster und legte das Gewehr an wie jemand, der mit jedem Schuß einen Treffer erzielt. Er zielte lange und schoß vorbei.
»Versuch's noch einmal«, sagte Viktor und gab ihm eine der kleinen Bleikugeln.
Karl-Heinz lud, zielte und schoß wieder vorbei. »Die Dinger müssen doch zu treffen sein«, meinte er leichthin, aber man merkte, daß er sich ärgerte. Nach acht Schüssen gab er auf. »Das liegt bestimmt am Gewehr«, murmelte er.
Jetzt nahm Viktor das Luftgewehr. Er zielte kurz und drückte ab. Am liebsten hätte er laut aufgejubelt: Genau in der Mitte getroffen, war der kleine Früchteball zerstoben. Viktor war selbst überrascht; denn oft genug schon hatte er danebengeschossen. Zu Karl-Heinz sagte er: »Das Gewehr ist in Ordnung.« Den Rest sollte der sich selbst denken.

Dieser Triumph versetzte Viktor in beste Laune. Als Louise, die die ganze Zeit ungeduldig danebengestanden hatte, zum Gehen drängte, sagte er großmütig: »Na, dann gute Nacht!« Er gab damit zu erkennen, daß von seiner Seite keine Störung mehr zu erwarten war.

Als ihn die beiden allein gelassen hatten, wollte er sein Glück gleich noch einmal versuchen. Aber dann ließ er es; er wollte sich sein Gefühl, ein treffsicherer Schütze zu sein, nicht durch eine unnötige Probe erschüttern lassen.

7 *Schritte in der Nacht*

Es war eine schwüle Nacht. Schon am Tag war es stickig und heiß gewesen, und der Abend hatte keine Abkühlung gebracht. Viktor konnte nicht einschlafen, auch im Schlafzimmer der Eltern waren gedämpft die Partygeräusche zu hören: Musik, Gelächter, Gesprächsfetzen, Türenschlagen. Wenigstens lief niemand an der Schlafzimmertür vorbei. Viktor lag wach und grübelte. Diese kleinen Lederkrokodile, für die Onkel eine besondere Vorliebe gehabt haben mußte, gingen ihm nicht aus dem Kopf. Auch in Cäcilies Tagebuch waren sie häufig abgebildet. Er knipste das Licht an, ging in seine Kammer und holte das Krokodil, das ihm Herr Opitz geschenkt hatte, und die bunten Glassteine, die er in dem Gewicht des Regulators gefunden hatte. Im Schlafzimmer legte er die Steine und das Krokodil neben sich auf das Nachtkästchen. Die Augen des Krokodils funkelten im Licht fast so feurig wie die geschliffenen Steine. Wie aber erst die rubinroten Augen jenes Krokodils geleuchtet haben mußten, das Cäcilie in ihrem Tagebuch abgebildet hatte!

Er knipste die Nachttischlampe wieder aus. Für einen Bruchteil von Sekunden glühte der hellgelbe Lichtkreis der Birne nach. Das verursachte bei Viktor einen jener unkontrollierten Gedankensprünge, wie sie oft durch äußeren Anstoß hervorgerufen werden. Blitzartig fiel ihm die runde, gelbe Kartoffelhälfte ein, die neben dem Schraubstock von Herrn Opitz gelegen war. Er hatte einmal seinem Großvater zugeschaut, wie er für Louise einen Hausschlüssel zurechtfeilte, weil sie ihren verloren hatte. Großvater hatte eine rohe Kartoffel durchgeschnitten und dann in die eine, glatte Hälfte der Kartoffel den Hausschlüssel von Vater gedrückt. (Vater war damals sehr ärgerlich über Louise gewesen.) Nach dem so gewonnenen Abdruck hatte Großvater einen neuen Schlüssel zurechtgefeilt ... Plötzlich rückte auch Herr Opitz in den Kreis der verdächtigen Personen. Anlaß genug, den Fall aufs neue gründlich zu durchdenken. Wie waren die seltsamen Ereignisse der letzten Tage zu erklären, wenn man sie auch mit Herrn Opitz in Beziehung brachte? Viktor stellte die verschiedensten Vermutungen an. Doch er kam zu keinem Ergebnis.

Erst spät schlief er ein. Er träumte wirres Zeug von lebensgroßen Puppen, von Onkel Debisch, wie er einem Krokodil in den Rachen griff und Goldstücke herausholte, die er Cäcilie zuwarf, während er selbst versuchte, wenigstens eins dieser Goldstücke Cäcilie wegzufangen. Doch wie sehr er sich auch bemühte, er bekam keines davon zu fassen. Und auf einmal wurde so ein Goldstück in Cäcilies Hand zu einem Krokodil mit glühendroten Augen, sie hielt es hoch über ihrem Kopf und lief mit wehendem Haar vor ihm her. Er folgte ihr die Stiegen hinauf. Plötzlich stand sie auf dem Treppengeländer, er griff nach ihr, da schwebte sie wie an einem Fallschirm in die Tiefe. Er lief ihr nach die Treppe hinunter. Unten hielt er den Totenkopf in der Hand.

Er erwachte mit starkem Herzklopfen. Obwohl er bis oben zugedeckt war, fror er. Es war stockdunkel. Im Haus war es vollkommen still. Louises Besuch war sicher längst gegangen, und die Schwestern schliefen wohl schon. Durch das geöffnete Fenster drang gewittrige Schwüle herein, jeden Augenblick konnte der erste, krachende Blitz niederfahren. Zuerst hörte er ein feines Rascheln in den Blättern der Platane und in den Efeuranken an der gegenüberliegenden Hauswand. In das Rascheln mischte sich ein fernes, hohes Sausen, das immer mehr anschwoll, und dann fegte ein Windstoß zum Fenster herein. Viktor hörte, wie sich die Gardine bewegte. Plötzlich zuckte grell ein Blitz durch die Dunkelheit und erhellte das Zimmer, krachend und rumpelnd folgte der Donner nach.

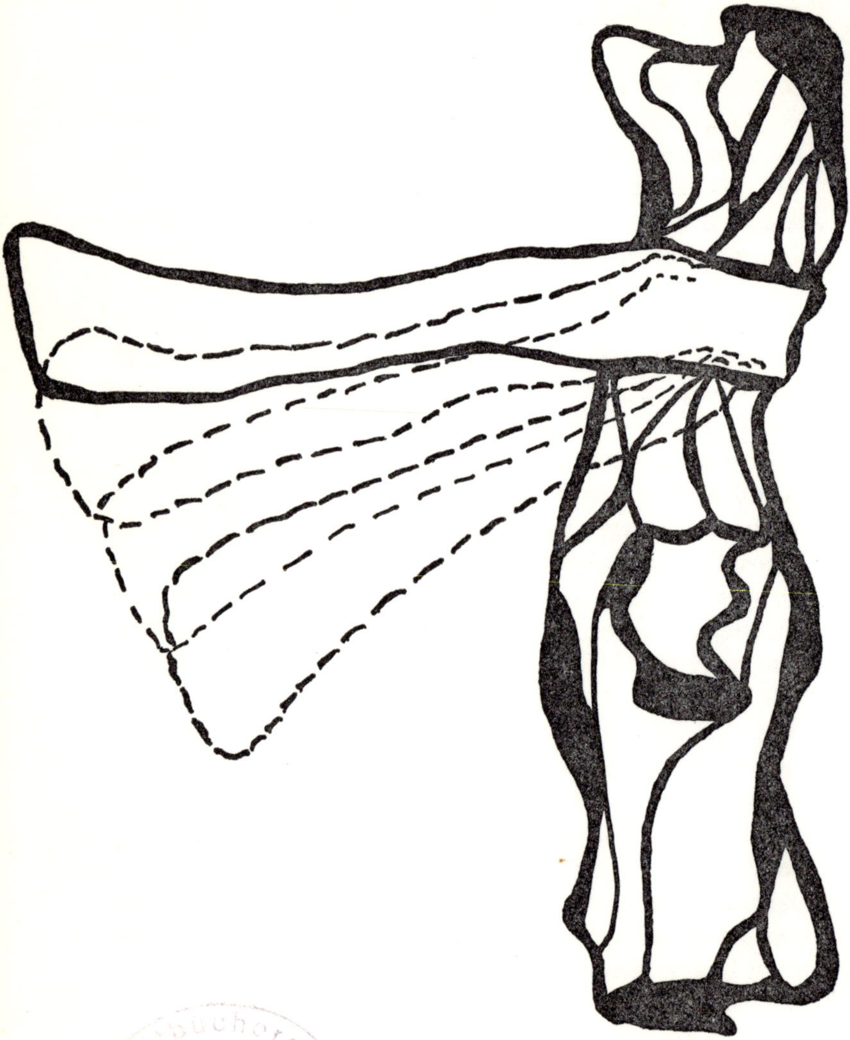

Viktor kroch tiefer unter die Bettdecke. Für gewöhnlich hatte er keine Furcht vor Gewittern, aber in seinem Kopf spukten noch die vorangegangenen, wirren Träume, er fühlte, wie ihm der Schweiß auf die Stirn trat. Während er auf den nächsten Blitz wartete, nahm der Wind an Heftigkeit zu. Über ihm in der Werkstatt, wo die Puppe mit dem Totenkopf stand, knallte ein Fenster, klirrend zerbrach eine Scheibe. Viktor erschrak und horchte angestrengt in die Dunkelheit. Wieder durchzuckte ein Blitz die Nacht, für Sekunden sah Viktor die sich blähende Gardine und das Schlafzimmer in geisterhaftes Licht getaucht, dann umgab ihn wieder rabenschwarze Finsternis. Diesmal folgte der Donner in kürzerem Abstand, das Gewitter kam näher. Viktor überlegte, ob er die Schlafzimmertür verriegelt hatte; plötzlich wußte er es nicht mehr genau. Er wollte aufstehen und nachsehen, aber das grelle Zucken eines Blitzes mit fast gleichzeitigem Donnerschlag ließ ihn nur noch tiefer unter die Bettdecke kriechen. Er konnte sich nicht entschließen aufzustehen. Jetzt rauschte der Regen hernieder wie ein Wasserfall und erfüllte die Luft mit seinen eintönigen Geräuschen. Wenn Viktor nur gewußt hätte, ob er tatsächlich zugeriegelt hatte! Aber bestimmt war die Tapetentür zum Badezimmer nicht abgeschlossen; denn der Schlüssel dazu steckte auf der Badezimmerseite.

Seine Unruhe wuchs. Unentschlossen wälzte er sich hin und her. Da glaubte er plötzlich Schritte auf dem Korridor zu hören ... In jähem Entschluß warf er die Bettdecke zur Seite, stürzte an die Tür und riegelte zu. Fast im gleichen Augenblick bewegte sich zu seinem größten Entsetzen langsam die Türklinke nach unten. Sie blieb für einen Augenblick unten, jemand drückte gegen die Tür, dann ging die Klinke langsam wieder in die Höhe. Trotz des rauschenden Regens hörte Viktor, wie jetzt die Tür zum Badezimmer geöffnet wurde, und als kurz darauf die Tapetentür leise knarrte, stürzte er auf den Korridor hinaus und lief Hals über Kopf nach vorn.

Zum Glück hatten sich seine Schwestern nicht eingeschlossen, er riß die Tür zu ihrem Zimmer auf. »Louise, Cora!« rief er außer sich. »Es ist jemand in der Wohnung.«
Keine Antwort, nichts rührte sich. Er knipste das Licht an, das Zimmer war leer . . .
Es ist schwer zu sagen, was Viktor stärker traf, der Schreck oder die Enttäuschung. Er war in dem festen Glauben nach vorn gelaufen, dort seine Schwestern anzutreffen. Nun waren sie nicht da, sogar die Betten waren nicht angerührt, seine Schwestern waren verschwunden, wie vom Erdboden verschluckt. In seinem erregten Zustand hatte er sofort die schlimmsten Vorstellungen: Cora und Louise waren verschleppt, ermordet oder auf irgendeine teuflische Art beseitigt worden. Jetzt war er an der Reihe!
Er schloß sich im Zimmer seiner Schwestern ein, schob die Betten vor die Tür und verstärkte die Barrikade noch durch den Tisch. Dann setzte er sich auf den Bettrand, kaum noch eines klaren Gedankens fähig. Sein Kopf war glühend heiß, seine Glieder schmerzten, trotzdem fror er jämmerlich.
Am nächsten Tag lag er mit hohem Fieber im Bett. Zwischen Fieberträumen erinnerte er sich nur dunkel an das, was geschehen war. So viel wußte er, daß ungefähr nach einer Stunde Louise gekommen war. Sie hatte mit ihren Gästen noch einen ausgedehnten Bummel durch die belebten Hauptstraßen gemacht. Bei ihrer Rückkehr war sie höchst überrascht, Viktor in ihrem Zimmer anzutreffen. Und dazu noch diese aufgerichteten Barrikaden! Sie war kaum durch die Tür gekommen. Während sie ihn in das Schlafzimmer der Eltern zurückbeförderte, erzählte sie ihm, daß Cora noch spät am Abend ihre Freundin besucht habe und auch dort übernachten würde. Viktors Behauptung, daß während ihrer Abwesenheit jemand an der Schlafzimmertür gewesen wäre, tat Louise als Ausgeburt seiner fieberhaften Fantasie ab. »Du drehst eines Tages noch durch!« prophezeite sie.
Gegen zehn Uhr kam Dr. Scheidt, der Hausarzt der Familie.

Louise war zu Hause geblieben, um seine Meinung zu hören. Dr. Scheidt, ein älterer, würdiger Mann mit einem noch würdigeren Vollbart untersuchte Viktor bedächtig. Dann sah er ihn lange an. »Ich kann nichts finden, außer, daß er Fieber hat. Vielleicht ein kleiner Rückfall. Bei Jungen stellt sich schnell einmal Fieber ein. Es wird sich wieder legen.«
Er verschrieb Viktor ein leichtes Chininpräparat und ordnete an, daß er das Bett zu hüten habe. Am nächsten Tag wollte er wiederkommen. Louise begleitete ihn hinaus. In der Tür drehte er sich noch einmal zu Viktor und sagte: »Nicht soviel krauses Zeug lesen — keine Aufregung!«
Das hat ihm natürlich Louise eingeflüstert, dachte Viktor. Jetzt sind meine Kriminalbücher sogar an dem Fieber schuld! Als Louise dann ging, um wenigstens noch zur letzten Vormittagsstunde an ihrer Modeschule zurechtzukommen, machte sie Viktor Vorwürfe, daß sie seinetwegen ein paar Stunden versäumt hätte. Viktor fühlte sich gar nicht wohl bei dem Gedanken, daß er nun allein in der Wohnung war. Da lag er nun im Doppelbett im elterlichen Schlafzimmer und würde sich einem überraschend auftauchenden Eindringling nicht einmal durch eine rasche Flucht entziehen können. Er stand auf, riegelte die Schlafzimmertür zu und vergaß diesmal auch nicht, die Tapetentür zum Bad abzuschließen. Dann kroch er ins Bett zurück.
Der Vormittag verlief ruhig. Viktor schlief viel, und wenn er wach war, versuchte er sich an die Ereignisse der vergangenen Nacht zu erinnern. Sicher hatte er das Fieber schon in der Nacht gehabt, und vielleicht hatte er sich die Schritte auf dem Korridor und die Bewegung der Türklinke nur eingebildet. Je mehr er darüber nachdachte, desto unsicherer wurde er. Louises Prophezeiung, er würde eines Tages noch durchdrehen, klang ihm im Ohr. War es nicht auffällig, daß immer nur er den unheimlichen Besucher hörte und spürte? Vielleicht war auch Cäcilie von ähnlichen Halluzinationen heimgesucht worden — das Ende war ja bekannt!

Er mußte längere Zeit geschlafen haben. Ein Geräusch im Badezimmer ließ ihn auffahren. Aber dann hörte er Cora ein Lied summen, und er rief nach ihr. Sie rüttelte an der Tapetentür. Und nachdem er schnell aus dem Bett gesprungen war und aufgeschlossen hatte, erzählte er ihr, was er in der Nacht erlebt hatte. Dabei rollte er sich wieder in die weiche Daunendecke ein. Viktor gab allerdings zu, daß es sich bei diesen Erlebnissen ebensogut um eine Art hellwachen Fiebertraum gehandelt haben könnte. »Ich drehe sowieso noch durch!« bekräftigte er in selbstanklägerischer Ironie.

Er hoffte, Cora würde ihm widersprechen und seine Zweifel zerstreuen. Dazu war sie aber nicht bereit. Sie sagte:

»Bei dir weiß man nie, woran man ist. Wenn du es selbst nicht weißt . . .«

Sie ging hinaus. Kurz darauf kam sie zurück.

»Wer hat denn das fertiggebracht!« rief sie aufgebracht. Sie hielt Viktor den großen rosa Teddybären hin, der bei ihr im Zimmer einen ständigen Platz auf dem Korbstuhl hatte. Sein Rumpf war aufgeschnitten, die Holzwolle zum Teil herausgerissen. Der Bär stammte noch von Cäcilie. Cora hatte ihn einmal im Turmzimmer entdeckt. Weil er ihr besonders gefiel, hatte sie ihn an sich genommen. Louise aber hatte den Stoffbären nie gemocht. »Der kitschige Teddy kommt hinaus, hier ist doch kein Kinderzimmer!« hatte sie mehr als einmal gesagt.

Viktors Zweifel waren mit einem Schlage verflogen. Für ihn stand fest: »Das war ER! Jetzt hat er verraten, daß er etwas sucht, was mit Cäcilie zusammenhängt!«

Cora sah ihn erschrocken an: »Glaubst du wirklich? Es kann doch auch Louise gewesen sein. Ich hatte Streit mit ihr, weil ich ihren gelben Pullover anziehen wollte.«

Viktor schüttelte den Kopf. Er glaubte nicht, daß Louise das getan hatte. Wenn sie und Cora sich auch manchmal zankten, Coras Bären den Rumpf aufzuschlitzen, stand unter ihrer Würde. Entgegen Dr. Scheidts Anordnung stand er auf und ging mit Cora in das Zimmer der Schwestern. Er wollte den Tatort besichtigen, entdeckte dort aber nur eine riesengroße Unordnung. So sah es in dem Mädchenzimmer immer aus, wenn die Eltern nicht da waren.

Cora erzählte, daß sie vorhin Herrn von Strichninsky auf der Treppe getroffen hatte. Er habe sich auffällig nach Viktor erkundigt und gefragt, wie denn der kleine Meisterdetektiv das gestrige Gewitter überstanden hätte. Man brauchte kein Hellseher zu sein, um Herrn von Strichninskys Hohn zu bemerken. Viktor erwiderte ärgerlich: »Was hat der eigentlich hier ständig zu suchen! Er soll sich nur lustig über mich machen, lange dauert es nicht mehr, dann schnappt die Falle zu!«

»Du meinst, er könnte es gewesen sein?« fragte Cora.

Viktor wich einer klaren Antwort aus. Er machte eine vieldeutige Handbewegung und sagte mit der Miene eines Kriminalisten, der sich über nichts mehr wundert: »In diesem Fall ist alles möglich. Es kann jeder gewesen sein — selbst du!«

»Laß mal fühlen, ziemlich heiß da oben!« sagte Cora und legte ihre Hand auf Viktors Stirn.

Louises Rückkehr zwang ihn, wieder das Bett aufzusuchen. Sie verwahrte sich energisch dagegen, den Bären aufgeschlitzt zu haben. Sie behauptete sogar, daß das sicher Viktor getan habe. »Nur um sich wichtig zu machen«, sagte sie. Es war zwecklos, mit ihr darüber zu reden.

Viktors Gedanken umkreisten den aufgeschnittenen Bären. Hier hatte er den sicheren Beweis, daß sich das, was der Eindringling suchte, unter der Hinterlassenschaft Cäcilies befinden mußte. Dann kannte der Unbekannte also Cäcilies Neigung, all ihre Habseligkeiten an den ungewöhnlichsten Orten zu verstecken. Aber was konnte ein zehnjähriges Mädchen Wichtiges versteckt haben, daß sich noch nach Jahrzehnten eine derart hartnäckige Suchaktion danach lohnte?

Viktor fand keine Ruhe. Gegen Abend spürte er, daß sein Fieber wieder erheblich gestiegen war.
Sein Kopf glühte, er lag in einem Dämmerzustand zwischen Schlafen und Wachen. Dabei sah er zeitweilig wie in einem Wachtraum ganz klar die Zusammenhänge zwischen all den rätselhaften Vorkommnissen der letzten Tage. Nur wenn er sich hinterher daran erinnern wollte, war alles wie weggewischt. Louise schlief diese Nacht bei ihm im elterlichen Schlafzimmer, und nur diesem Umstand war es zu verdanken, daß er schließlich doch einen verhältnismäßig ungestörten Schlaf fand.
Am nächsten Morgen zeigte das Fieberthermometer 36,6. Viktor hatte einen klaren Kopf und fühlte sich kerngesund. Louise gestattete ihm aber nicht aufzustehen, jedenfalls nicht, bevor sie den Arzt gefragt hätte. Dr. Scheidt wollte um zehn Uhr kommen, pünktlich auf die Minute klingelte er an der Wohnungstür. Louise tuschelte mit ihm noch ein paar Minuten auf dem Korridor, dann trat er ins Zimmer, nickte Viktor zu und sagte bedächtig: »Schlaf ist die beste Medizin. Wie geht es sonst? Nichts Aufregendes gelesen?«
Viktor verneinte stumm. Dr. Scheidt zog ihm ein Augenlid hoch. »Na, heute sieht das Auge viel klarer aus, war wohl doch nur ein kleiner Rückfall«, sagte er befriedigt. »Trotzdem ist nicht damit zu spaßen, wenn sich eine eben überstandene Erkältung rührt«, fügte er noch hinzu. Dann fühlte er Viktors Puls, horchte ihn mit seinem abgegriffenen Hörrohr ab und erklärte abschließend: »Dann können wir ja wieder aufstehen. Aber nicht soviel in der Stube hocken! Immer raus an die frische Luft!«
Dr. Scheidt packte umständlich wieder sein Hörrohr in die dickbauchige Tasche, schüttelte Viktor kräftig die Hand, dann ließ er sich von Louise zur Wohnungstür begleiten. Als seine Schwester zurückkam, war Viktor schon aufgestanden. Sie eröffnete ihm, daß sie heute zu Hause bleiben würde. »Deinetwegen!« betonte sie. »Ich möchte doch einmal

herausfinden, wer hier Bären die Bäuche aufschlitzt. Mich kannst du damit nicht erschrecken!«

Der eigentliche Grund aber war, daß sie sich gestern ein Kleid gekauft hatte, das ihr heute schon nicht mehr gefiel; jetzt wollte sie das neu erstandene Kleid von Grund auf ändern.

Viktors erster Weg führte in die Werkstatt hinauf. Er hatte dabei das sichere Gefühl, daß der Unbekannte nicht kommen würde, solange Louise im Hause war. Er kam immer dann, wenn anzunehmen war, daß sich niemand in der Wohnung befand, oder er kam nachts, wenn alle schliefen. Er schien sich in ihren Familienverhältnissen gut auszukennen. Daß Viktor vorzeitig seine Ferien angetreten hatte, konnte er allerdings nicht wissen. Das hatte ihm schon manchen Strich durch seine Rechnung gemacht.

In der Werkstatt stellte Viktor fest, daß tatsächlich eine Fensterscheibe in Scherben gegangen war. Cora und er hatten vergessen, das Fenster zu schließen, und in der Gewitternacht war es vom Sturm zugeschlagen worden. Dabei war die Scheibe zersprungen. Viktor überlegte, ob man wohl vom Dach her durch das Fenster einsteigen konnte. Das schien ausgeschlossen, es sei denn, man ließ sich an einem Seil vom Dach herab. Es war aber nicht einzusehen, daß jemand auf so halsbrecherische Weise in das Haus zu gelangen trachtete, wenn ihm das vorher auf einem anscheinend viel bequemeren Weg gelungen war. Das Fenster war also von allen weiteren Überlegungen auszuschließen.

Viktor sah in den rechteckigen Hof hinunter, wo an der gegenüberliegenden, efeubewachsenen Wand des Nachbarhauses die Remise stand. Die Remise war ein fester, großer Schuppen. Sie diente früher als Stall und Unterstellraum für Onkel Debischs Gespann. Jetzt lagerten die Laroche'schen und Frau Debischs Kohlenvorräte darin, streng voneinander getrennt. Manchmal benutzten Landstreicher und Vagabunden die Remise als Nachtasyl. Sie stiegen über den Zaun und machten es sich zwischen den Kohlen bequem. Es gab jedesmal eine große Aufregung, wenn sie entdeckt wurden. Von unten hörte Viktor Hundegebell. Das war Rolf, Frau Debischs Hund. Sicher war gerade der Briefträger an der Tür. Leider war von der Werkstatt aus jener Teil des Hofes, wo sich der Vorderaufgang befand, nicht einzusehen. Als Rolf verstummte, verließ Viktor seinen Platz am Fenster. Während der ganzen Zeit hatte er an Cäcilie gedacht, doch hielt ihn eine unerklärliche Scheu davon ab, die hinter dem Vorhang des Geräteschrankes versteckte Puppe zu betrachten. Hartnäckig plagte ihn der Gedanke, die Puppe könnte verschwunden sein. Als er endlich doch hinter den Vorhang sah, war er beinahe überrascht, sie an ihrem Platz zu sehen. Zu sehr hatte er sich schon daran gewöhnt, auch die außergewöhnlichsten Dinge für möglich zu halten.

Eine Zeitlang sah er die Puppe prüfend an, dann drehte er sie um, er konnte den Anblick des Totenkopfes nicht mehr ertragen. Aber auch jetzt noch war ihm sehr unbehaglich zumute. Es kostete ihn einige Überwindung, die letzten notwendigen Verbesserungen an ihr vorzunehmen. Er war gerade dabei, das Finger-Drahtgestell zu der möglichst natürlichen Form einer Hand zurechtzubiegen, da hörte er in der Waschküche Schritte. Schnell zog er den Vorhang vor die Puppe, stellte sich an den Schraubstock der Werkbank, spannte ein Holzscheit ein und legte sich die große Bügelsäge zurecht. Falls jemand hier oben nach ihm suchen sollte, wollte er anfangen, das Holzscheit durchzusägen. Er beschäftigte sich öfters mit solchen Sägearbeiten, weil er damit seine Armmuskeln stärken wollte. Die Schritte kamen näher. Das war Louise. Er kannte ihre leichte, behutsame Art zu gehen ganz genau. Quietschend zog er das Sägeblatt durch das Holz. Er ließ Louise erst an der verschlossenen Tür rütteln, ehe er öffnete.

»Ach, hier steckst du! Ich suche dich schon in der ganzen Wohnung. Herr Opitz war hier, Onkel ist heute früh ge-

storben. Ich habe Vater schon angerufen. Jetzt muß ich mir noch ein Paar schwarze Strümpfe besorgen.«
Viktor hörte mit Sägen auf. Die Szene mit der Blaskapelle bei der Geburtstagsfeier kam ihm wieder in den Sinn. Sollte er mit seinem Verdacht wirklich recht gehabt haben? Er wußte nicht, ob er ein betrübtes Gesicht machen sollte. Er sagte: »Ach«, und sah Louise abwartend an. Sie schien aber zu Onkels Tod weiter nichts zu sagen zu haben, und so ging er schweigend mit ihr in die Wohnung hinunter. Onkel war gestorben, er war tot. Viktor versuchte zu begreifen, was der Tod bedeutete. Doch konnte er sich darüber eigentlich nichts Wirkliches vorstellen. Es war das erstemal, daß er einen Todesfall im engeren Familienkreis bewußt erlebte.
Kurz nachdem Louise gegangen war, klingelte es an der Wohnungstür. Viktor ging in die Diele hinaus und fragte, wer da sei. Es war Frau Debisch. Viktor erschrak nicht wenig. Seit der Geburtstagsfeier hatte er sie nicht mehr gesehen, und inzwischen hatte sich ja einiges zugetragen, was Frau Debisch sicher nicht angenehm war. Er öffnete. Ganz in Schwarz gekleidet stand sie vor ihm. Streng musterte sie ihn von oben bis unten. Viktor mußte unwillkürlich an die großen, bösartig funkelnden Augen denken, die auf den letzten Seiten von Cäcilies Tagebuch so oft abgebildet waren. Eine unheimlich zwingende Kraft ging von Frau Debischs Augen aus. Sie fragte: »Ist deine Schwester zu Hause?«
Viktor antwortete tonlos: »Sie ist gerade fortgegangen.«
Sie sah ihn durchdringend an: »Du wirst wohl gehört haben, daß Onkel gestorben ist.«
Er nickte mit dem Kopf.
Sie fuhr mit Nachdruck fort: »Da bitte ich dringend, für die nächsten Tage, wenigstens so lange, bis Onkel beerdigt ist, keine Freunde ins Haus zu holen und jeden Unfug zu lassen. Das schickt sich nicht für ein Haus, in dem Trauer herrscht!«
Viktor sah Frau Debisch überrascht an. Erstens hatte er, seit seine Klasse im Landschulheim war, keinen Besuch seiner

Freunde gehabt. Zweitens war er an dem Lärm nicht schuld, der unlängst in ihrer Wohnung geherrscht hatte. Das hätte sie besser Louise vorhalten sollen. Aber er hatte den Eindruck, daß Frau Debisch eigentlich etwas ganz anderes sagen wollte. Ihre starr auf ihn gerichteten Augen ließen ihn nicht los, es war, als wollte sie ihn hypnotisieren. Er sagte kleinlaut, daß alle seine Freunde in einem Landschulheim seien; und da er krank gewesen sei, könnte er also keinen Lärm gemacht haben.

Frau Debisch ging darauf gar nicht ein, sie erwiderte scharf: »Ich hoffe, du hast mich verstanden. Man beschmutzt nicht das Andenken an Verstorbene!«

Viktor wußte sofort, was sie damit meinte, und er erwiderte nichts. Erst nachdem Frau Debisch gegangen war, fiel ihm ein, was er hätte antworten sollen. Aber das hätte er ihr schwerlich ins Gesicht sagen können.

Er faßte Frau Debischs Besuch als den Versuch auf, ihn einzuschüchtern. Und nun war er erst recht entschlossen, das Experiment mit der Puppe durchzuführen. Vielleicht war es schon zu spät dafür, vielleicht hatte Onkels Tod eine ganz neue Situation geschaffen und der geheimnisvolle Unbekannte würde nie wieder kommen. Vielleicht aber würde er gerade jetzt, vor der Rückkehr der Eltern, alles auf eine Karte setzen und noch einmal in die Wohnung eindringen, um schließlich doch noch zu finden, was er so hartnäckig suchte.

Als Cora nach Hause kam, berichtete er ihr sofort von seinem Auftritt mit Frau Debisch. Vor dieser Frau hatte Cora großen Respekt. Viktor merkte, daß sie unsicher wurde und sich am liebsten aus allem heraushalten würde. Sie umschrieb das mit den Worten: »Jetzt, da Onkel tot ist, ist doch ohnehin alles egal.« Viktor mußte alle seine Überredungskünste aufbieten, sie zu bewegen, mit ihm in die Werkstatt zu kommen; denn er wollte die Puppe wenigstens noch bei Tageslicht in das Turmzimmer schaffen. »Von dort können wir sie heute abend leichter an die Treppe bringen«, sagte er. In Wahrheit fürchtete er sich, bei Dunkelheit mit der Puppe über den Boden zu gehen.

Zusammen trugen sie Cäcilies unheimliches Ebenbild über den großen Boden. Dabei dachte Viktor fortwährend an Frau Debischs Vorwurf: Man beschmutzt nicht das Andenken an Verstorbene! Er atmete auf, als sie die Puppe im Turmzimmer versteckt hatten und wieder in die Wohnung zurückgekehrt waren.

Eine sonderbare Unruhe trieb ihn von einem Zimmer in das andere. Er hob Bilder von der Wand ab, untersuchte Vasen auf ihren Inhalt, kramte in Schränken, wendete Polster um und befühlte jedes Kissen und jeden Gegenstand, der aus Onkel Debischs Besitz stammte. Dabei hatte er ständig das Gefühl, als sähe ihm jemand bei all dem zu. Erging es ihm schon wie Cäcilie? In allen Zimmern fühlte er sich von einem unheimlichen Augenpaar verfolgt.

Gegen drei Uhr nachmittags beobachtete er, wie Frau Debisch und Herr von Strichninsky das Haus verließen. Vermutlich fuhren sie zum Landhaus hinaus. Sie fühlte sich wohl schon als uneingeschränkte Besitzerin der Villa. Wie er ihnen so nachschaute, wandte sich Frau Debisch plötzlich auf der Straße um und sah zu dem Fenster herauf, wo Viktor seitlich hinter der Gardine stand. Sie konnte ihn hier bestimmt nicht sehen, aber er hatte das Gefühl, als sähe sie ihm direkt in die Augen.

8 *Die Falle*

Seit sie von ihrem Einkauf zurückgekehrt war, hatte Louise nicht mehr das Durchgangszimmer verlassen, wo sie im Schneidersitz auf dem Teppich hockte und ihr neues Kleid änderte. Solche Arbeiten pflegte sie bis in die tiefe Nacht hinein auszudehnen, und da das Durchgangszimmer neben der Diele lag, würde es ihr auffallen, wenn Viktor und Cora am Abend noch nach oben gingen. Cora hatte schon allen Unternehmungsgeist verloren und meinte, daß man das Experiment auch auf den nächsten Abend verschieben könnte. Viktor wußte, daß sie das nur sagte, weil sie Angst hatte.
Um neun Uhr abends sah sich Viktor vor die Entscheidung gestellt, entweder seinen Plan fallenzulassen oder ihn allein durchzuführen. Louise hockte immer noch im Durchgangszimmer. Die einzelnen Teile des aufgetrennten Kleides lagen um sie herum, und es war nicht abzusehen, wann sie mit ihren Änderungsarbeiten fertig sein würde. Viktor mußte sich eingestehen: Solange Louise das Durchgangszimmer blockierte, gab es nur einen Weg in das Turmzimmer, den über die Hintertreppe und die Böden!
Gegen halb zehn bereitete er sich zu seinem Gang nach oben vor. Er umgürtete sich mit dem russischen Kavalleriesäbel, hängte seine Luftbüchse an einem selbstgefertigten Gewehrriemen um und steckte zwei Taschenlampen ein. Er wollte auf dem Weg über die Böden nach beiden Seiten zugleich leuchten; es sollte aussehen, als gingen dort zwei. Vom Salon her klang Klavierspiel. Cora übte also noch. Damit gab sie ihm klar zu verstehen, daß sie ihn jetzt auf keinen Fall begleiten würde. Viktor wollte gerade gehen, da klingelte das Telefon. Er legte seine Waffen ab und lief nach vorn. Louise hatte den Hörer schon in der Hand. Es war Frau De-

bisch. Sie bat mit allem Nachdruck darum, doch das Klavierspiel einzustellen, bis Onkel beerdigt wäre. Demnach war Frau Debisch zurückgekehrt, ohne daß Viktor es bemerkt hatte. Cora klappte den Klavierdeckel zu und ging sofort in ihr Zimmer. Viktors letzte Aufforderung, mit ihm jetzt nach oben zu gehen, schlug sie glatt ab. Sie gab vor, noch für die Schule arbeiten zu müssen, und versprach: »Morgen komme ich bestimmt mit, nur heute abend geht es wirklich nicht.« Viktor wollte seinen Plan aber heute durchführen.

Louise hatte angefangen, mit der Maschine zu nähen. Das traf sich günstig; denn so konnte Viktor, ohne von ihr gehört zu werden, aus dem Zimmer gehen und durch die Hintertür die Wohnung verlassen. Es war eine mondhelle Nacht. Ungewöhnliche, gespenstische Lichtreflexe lagen an den Wänden des Stiegenhauses. Viktor hatte das unbestimmte Gefühl, als ginge er nicht allein die Treppe hinauf; und für einen Augenblick glaubte er zu sehen, wie sich am obersten Treppenabsatz, vor der Waschküchentür, ein großer, unförmiger Schatten bewegte. Viktor fühlte, wie sich ihm die Kehle zuschnürte und seine Knie weich wurden. Er hatte sich doch zuviel zugemutet! Der Weg über die Treppe, durch die Waschküche und über die Böden schien ihm unendlich lang. Er leuchtete rechts und links zugleich nach allen Seiten und hielt die Hände weit auseinandergestreckt, um ja den Anschein zu erwecken, hier gingen zwei. Die ganze Zeit wehrte er sich gegen den Gedanken an eine seidene Schlinge, die von hinten über den Kopf des Opfers geworfen wird und es dann lautlos erwürgt.

Endlich erreichte er das Turmzimmer. Hier schien das Mondlicht voll herein und ließ die wahllos getürmten Gegenstände die abenteuerlichsten Schatten werfen. Viktor setzte sich in einen Winkel und horchte mit klopfendem Herzen in die Stille hinein. Dabei zog es seinen Blick immer wieder auf die durch ein Tuch verhüllte Puppe, die Cora und er neben einen Schrank an die Wand gestellt hatten. Zeitweilig war ihm,

als würde sich die Puppe bewegen. Es kostete ihn einige Überwindung, das Tuch abzuheben; bleich schimmerte der Totenkopf unter dem Strohhut.
Entgegen seinem ursprünglichen Plan, die Puppe mit der Vorderseite über die Geländerbrüstung zu lehnen, stellte er sie mit dem Rücken dagegen. Wenn jemand von den Böden oder vom Turmzimmer kam, würde er ihr direkt ins Gesicht sehen!
Sein Rückweg glich fast einer Flucht. Der unsinnige Gedanke, die Puppe würde hinter ihm her sein, hetzte ihn über Boden, Waschküche und Treppe. Atemlos kam er in der Wohnung an. Aus dem Durchgangszimmer klang beruhigend das Rasseln der Nähmaschine; Louise war immer noch am Werken. Er zog sich aus und legte sich ins Bett. Um Mitternacht rasselte die Nähmaschine immer noch. An einem anderen Tag hätte sich Viktor deswegen längst beschwert, heute war es ihm nur recht, Louise nebenan zu wissen. Etwas spät kam sie selbst auf den Gedanken, daß ihn ihr Nähen stören könnte; sie rief durch die Wand: »Ich höre jetzt auf und nähe mit der Hand weiter!«
Jetzt war es still. Fast unheimlich still. Er spürte, wie sein Herz heftig pochte. Er wollte wach bleiben und warten, was in dieser Nacht geschehen würde. Schließlich fiel er aber doch noch in einen unruhigen Schlaf. Er träumte von der Puppe. Sie kam die Treppe herab, öffnete die Wohnungstür, ging durch die Diele und das Durchgangszimmer und klopfte an seine Tür. Immer lauter klopfte es! Da wachte er auf, fuhr hoch und sprang aus dem Bett. Es trommelte wirklich jemand mit der Faust gegen die Tür. Louise rief von draußen: »Wach auf, es hat geklingelt!«
Jetzt hörte er es selbst, jemand klingelte an der Wohnungstür. Er knipste hastig das Licht an. Die Uhr zeigte kurz nach drei Uhr an. Das ist seine Zeit! schoß es ihm durch den Kopf. Er öffnete seine Tür, vor ihm stand Louise.
»Wer kann denn das sein, mitten in der Nacht?« fragte sie.

»Ich weiß es nicht«, sagte Viktor verstört.
Es klingelte wieder, diesmal anhaltend. Von vorn kam Cora angelaufen. »Auf der Treppe stöhnt jemand!« rief sie aufgeregt. Sie gingen schnell zur Diele. Auf halbem Weg rannte Viktor zurück, um sein Luftdruckgewehr zu holen. Diesmal spottete Louise nicht darüber; sie wartete sogar, bis er damit zur Stelle war.
An der Wohnungstür fragte Louise laut: »Wer ist da?«
Eine Stimme stöhnte: »Ich brauche Hilfe — so öffnen sie doch!« Es war nicht Herrn von Strichninskys Stimme, auch nicht die von Herrn Opitz und schon gar nicht die von Frau Debisch. Louise zögerte, die Tür zu öffnen, aber das Stöhnen war nicht mitanzuhören. Viktor stellte sich mit schußbereitem Luftgewehr neben die Tür, dann schloß Louise auf.
Vor der Tür lag Herr Mörlin. Um seinen Hals hing ein Stück Florstrumpf, die Strumpfmaske! Viktor hatte sich den geheimnisvollen Unbekannten gefährlicher vorgestellt!
Mit schmerzverzogenem Gesicht hielt sich Herr Mörlin den Fuß. In seinem Gesicht zeichneten sich die Spuren eines großen Schreckens ab, mit verzerrtem Mund sagte er: »Ich bin gestürzt, ich glaube, mein Fuß ist gebrochen ... plötzlich stand sie vor mir ... wie von den Toten auferstanden!«
Viktor beugte sich über ihn. Es war ein Augenblick höchsten Triumphes. »Sie meinen Cäcilie, nicht wahr? Sie haben sie umgebracht!« sagte er mit eindringlicher Stimme.
Herr Mörlin schüttelte erschrocken den Kopf. Er schien vollkommen verwirrt zu sein. Stockend stieß er hervor: »Ich habe es nicht getan — nicht gewollt. Es geschah wie von selbst ... Sie war es, sie stand hinter ihr, mit ihren teuflischen Augen hat sie es getan!«
»Ah! Wer war es? Reden Sie weiter!« drang Viktor in ihn.
Herr Mörlin wollte etwas sagen, doch unten ging die Tür auf, Hundegebell hallte durch das Treppenhaus. Frau Debisch hatte den Lärm gehört und kam die Treppe herauf. Sie kam allein, Herr von Strichninsky war anscheinend nicht da.

Viktor beobachtete, wie Herr Mörlin erschrak und wie gehetzt um sich blickte, als wollte er sich in einen Winkel verkriechen.
Frau Debisch kam. Rolf ging wütend auf Cora los. Sie schrie erschrocken auf, Frau Debisch rief: »Pfui, Rolf!« Aber der Hund ließ erst von Cora ab, als er dicht vor ihr stand und sie erkannt hatte. Herrn Mörlin aber schien er überhaupt nicht zu bemerken. Als Frau Debisch sah, wer da auf dem Treppenabsatz lag, wurde ihr Gesicht ganz starr. Ihr Blick schien Herrn Mörlin fast zu verschlingen. Ohne zu fragen, was hier vorging, herrschte sie ihn an: »Ach, du bist es! Du verläßt sofort das Haus! Morgen erklärst du mir, was du hier zu suchen hattest!« Sie behandelte ihn, als hätte sie einen dummen, mißratenen Jungen vor sich.
Tatsächlich versuchte Herr Mörlin gehorsam, sich zu erheben. Er knickte aber sofort wieder zusammen. »Ich kann nicht — mein Fuß!« stöhnte er.
»Dann helft mir, ihn in meine Wohnung zu schaffen«, bestimmte Frau Debisch.
Viktor sagte schnell: »Wieso? Ich denke, es ist einfacher, ihn gleich zu uns zu tragen. Auch würde ich gern wissen, was Herr Mörlin um diese Zeit hier zu tun hat und wie er ins Haus gekommen ist!« Viktor war selbst überrascht, mit welcher Sicherheit er das sagte, aber er ahnte, daß sie Herrn Mörlin nicht zu Frau Debisch bringen durften. War er erst einmal bei ihr, würde sie schon dafür sorgen, daß er den Mund hielt.
Wider Erwarten unterstützte Louise Viktors Vorschlag. Sie tat das aus rein praktischen Erwägungen und nicht etwa mit der Absicht, Frau Debisch von Herrn Mörlin fernzuhalten. Aber Louise war eine resolute Hilfe. Ohne Frau Debischs Protest zu beachten, halfen sie Herrn Mörlin auf die Beine und brachten ihn in die Diele, wo sie ihn vorerst auf der gepolsterten Truhe niederlegten. Währenddessen war Rolf die Treppe hinaufgelaufen. Man hörte ihn oben abwechselnd

bellen und winseln. Viktor wußte natürlich den Grund. Als Frau Debisch den Hund zurückrief, kam er mit eingezogenem Schwanz herunter, lief weiter und verschwand in ihrer Wohnung.

»Vielleicht ist noch jemand oben«, sagte Viktor, laut genug, daß es Frau Debisch, die sich schon zum Gehen wenden wollte, hören mußte.

»Was meinst du?« herrschte sie Viktor an.

Er zuckte mit den Schultern: »Es könnte ja sein. Hier ist doch schon allerhand passiert!«

Frau Debisch schoß ihm einen wütenden Blick zu und machte Anstalten, nach oben zu gehen. Dann blieb sie aber doch stehen und forderte Louise auf mitzukommen. Louise war einverstanden und ging mit Frau Debisch nach oben. Viktor hätte nicht geglaubt, daß sie so beherzt sein könnte. Kurz darauf kamen beide zurück. Louise mit fassungsloser, betretener Miene; Frau Debisch mit zorngerötetem Gesicht.

»Das wird er zu verantworten haben!« sagte sie in höchster Erregung, dann ging sie ohne jede weitere Erklärung nach unten. Mit lautem Krach warf sie ihre Wohnungstür zu.

Louise fuhr Viktor an: »Hast du den Unfug ausgedacht?«

Viktor erwiderte empört: »Unfug nennst du das! Frag doch Herrn Mörlin, ob er das auch für Unfug hält. Was weißt du denn überhaupt!«

Louise wußte nichts, woher sollte sie auch etwas wissen. Aber am nächsten Morgen wußten sie, Cora und Viktor sehr viel mehr. Sie erfuhren in dieser Nacht von Herrn Mörlin Dinge, die — außer vielleicht Viktor — niemand für möglich gehalten hätte. Herr Mörlin erzählte ihnen seine Lebensgeschichte, und sie hatten den Eindruck, daß er sich mit dieser Erzählung von einer Last befreite, die ihn schon seit Jahren bedrückte. Er fühlte sich für einen Unglücksfall verantwortlich, an dem er, genau betrachtet, schuldlos war. Aber er war, wie Louise hernach ganz richtig zu Viktor sagte, nicht nur ein widerspruchsvoller Charakter, sondern gehörte auch zu jenen unglücklichen Schwächlingen, die sich im Leben nicht zurechtfinden und sich daher zeit ihres Lebens nach der Geborgenheit ihrer Kindheit zurücksehnen. Wobei sie allerdings die Ursache ihres Versagens zu allerletzt bei sich selbst suchen. Andererseits mußte man Herrn Mörlin zugestehen, daß er sehr früh ein schreckliches Erlebnis gehabt hatte, mit dem selbst eine starke Natur nur sehr schwer fertig geworden wäre. Aber lassen wir Herrn Mörlin selbst sprechen:

»Cäcilie und ich waren Spielgefährten. Unsere Familien waren durch die engen, geschäftlichen Beziehungen zwischen Onkel und meinem Vater miteinander bekannt. Nachdem dann das Nachbarhaus gebaut war, zogen wir dort ein. Cäcilie war ein eigenartiges Mädchen. Manchmal war sie unerträglich, zänkisch und boshaft, dann wieder weich und verträumt, nahezu hilflos. Frau Debisch behauptete von ihr, daß sie nicht ganz zurechnungsfähig sei. Ich glaube aber, der eigentliche Grund von Cäcilies seltsamem, zwiespältigem Verhalten war, daß sie sich tief unglücklich fühlte. Vor Frau Debisch fürchtete sie sich über alle Maßen. Sie gestand mir mehr als einmal: ›Ich bin ihr nur im Wege, am liebsten würde sie mich umbringen.‹ Manchmal geschah es, daß sie mitten im Spiel aufhorchte und sagte: ›Tante hat mich gerufen‹, obwohl nichts zu hören gewesen war. Sie ging dann zu Frau Debisch, und es stellte sich heraus, daß diese tatsächlich etwas von ihr wollte. Es war, als stünde Cäcilie ganz im Banne ihrer Tante.

Besonders gern spielten wir Ritterfräulein und Tod. An Kostümen mangelte es nicht. Denn in einem der Bodenschränke befand sich eine reichhaltige Theatergarderobe, die noch von Cäcilies Mutter stammte. Sie soll Mitglied des Thalia-Theatervereins gewesen sein. Cäcilie zog sich das Kostüm eines Burgfräuleins an, und ich schlüpfte in die Maske des Todes aus dem Theaterstück ›Jedermann‹. Das Spiel begann immer damit, daß ich mich versteckte und dann versuchte, Cäcilie mit der Maske des Todes zu erschrecken. Dabei kam es vor, daß Cäcilie, von mir verfolgt und in die Enge getrieben, zum Treppengeländer flüchtete, wo sie sich weit über die Brüstung beugte und mir drohte, hinunterzuspringen, sollte ich noch einen Schritt näher kommen. Einmal — es war in der Zeit nach dem Anbau des hinteren Villenteils — hatten wir uns gezankt. Ich gab vor, daß ich nach Hause gehen wollte. Ich ging aber nicht, sondern wollte mich in der Wohnung verstecken. Dabei kam ich an dem seit dem Anbau stillgelegten Speiseaufzug vorbei. Die sonst immer verschlossene Tür war nur angelegt. Neugierig sah ich hinein und entdeckte an der Innenwand des Schachtes eiserne Leitersprossen. Ich kletterte hinein. Die Sprossen führten bis zu Frau Debischs Wohnung, wo die Aufzugstür weit geöffnet stand. Als ich wieder zurückkletterte, sah ich, daß die Aufzugstür zu Onkels Wohnung an ihrer Schachtseite zwei starke Riegel besaß. Sie war also nur vom Aufzugsschacht her zu öffnen.«

Hier unterbrach Viktor Herrn Mörlin: »Jetzt ist mir klar, warum ich die Aufzugstür nicht aufmachen konnte. Nur eine Frage: Wie sind Sie in den Aufzugsschacht und überhaupt ins Haus gekommen?«

Herr Mörlin lächelte schwach. Dann sagte er leise: »Du warst nicht gründlich genug. Du hättest alles besser untersuchen sollen. Ich kam über das Dach des Nachbarhauses, in dem wir früher gewohnt hatten. Ein Weg, den ich schon als Junge ausgekundschaftet hatte. Dann kletterte ich durch die Luke für den Schornsteinfeger und stieg oben auf dem Boden in den Schacht ein.«

»Führen denn die eisernen Sprossen bis auf den Boden hinauf?« fragte Viktor.

Herr Mörlin schüttelte den Kopf: »Nein, sie enden bei Eurer Wohnung. Noch weitere Sprossen anbringen zu lassen, hatte für Frau Debisch ja keinen Sinn. Ich hakte oben eine Strickleiter ein und kletterte an ihr bis zu Euch hinunter. Ich an deiner Stelle hätte zuerst an solch eine Möglichkeit gedacht.«

Er machte eine Pause, während der Viktor dachte, daß er wohl schon genug Einfallsreichtum bewiesen hätte. Dann fuhr Herr Mörlin fort:

»Mir wurde damals mit einem Male sonnenklar, wieso Cäcilie behaupten konnte, ihre Tante könne hexen. Wie sie mir erzählte, hatte sie es mehr als einmal erlebt, daß Frau Debisch plötzlich wie aus dem Erdboden gewachsen hinter ihr stand, obwohl sie gerade erst nach unten in ihre Wohnung gegangen war. Warum Frau Debisch den geheimen Zugang hatte anlegen lassen, konnte ich damals nur ahnen. Sie wollte sich damit wohl eine Möglichkeit schaffen, Onkel und Cäcilie besser überwachen zu können. Tag und Nacht dachte sie ja an nichts anderes als an Onkels Reichtum. Sie lebte in der ständigen Angst, Onkel könne einmal durch eine unüberlegte Unternehmung all sein Geld verlieren. Und sie sann auf Mittel und Wege, sich in den Besitz von Onkels Vermögen zu setzen. Zuerst wollte ich Cäcilie meine Entdeckung mitteilen. Dann unterließ ich es, weil mir der geheime Zugang zur Wohnung eine willkommene Bereicherung für unser Versteckspiel zu sein schien. Ich konnte ihn für die gleichen Hexenkunststücke benutzen wie Frau Debisch: nach Belieben in der Wohnung zu erscheinen und plötzlich wieder zu verschwinden — scheinbar durch die geschlossene Tür.«

Herr Mörlin schwieg eine Weile. Dann fuhr er fort: »Damals machten Cäcilie und ich eine sonderbare Entdekkung. Mein Vater und Onkel beschäftigten sich in diesen Jahren auch mit dem Vertrieb kleiner, ausgestopfter Lederkrokodile. In der Zeit des aufstrebenden Kolonialismus waren diese Krokodile ein beliebter Geschenkartikel. Sie kamen in kleinen, festen Kisten aus Afrika. Mein Vater und Onkel waren immer sehr aufgeregt, wenn sie eine solche Sendung erwarteten. In einem unbemerkten Augenblick durchstöberten Cäcilie und ich eine dieser Kisten, die im Turmzimmer lagerten. Wir fanden darin Krokodile mit geschliffenen Glasaugen, wie wir sie schon öfter bei Onkel gesehen hatten, daneben aber auch solche mit rubinroten Augen. Daß es auch Krokodile mit rubinroten Augen gab, wußten wir nicht. Wir sahen sie uns genauer an und bemerkten, daß sie alle an ihrer Unterseite aufgeschlitzt waren. Wir konnten ohne weiteres die faserige, flachsartige Masse herausziehen, mit der sie ausgestopft waren. Als wieder eine Sendung aus Afrika eintraf, entwendeten wir eins der Krokodile mit den rubinroten Augen, das noch an seiner Bauchseite unversehrt war. Wir schnitten es auf und fanden zwischen seiner faserigen Füllmasse eine Anzahl kleiner, funkelnder Steine. Glassteine, dachten wir. Am nächsten Tag erzählte mir Cäcilie, daß es wegen des fehlenden Krokodils zu einem heftigen Streit zwischen Onkel und meinem Vater gekommen sei, bei dem sie sich gegenseitig verdächtigten, Diamanten unterschlagen zu haben. Uns wurde klar, daß die vermeintlichen Glassteine wertvolle Diamanten waren. Allerdings glaubten wir damals, die ungewöhnliche Verpakkung sei eine Vorsichtsmaßnahme gegen Diebstahl. Erst später, als ich älter war, kam ich darauf, daß die Diamanten geschmuggelt waren. — Bestimmt keine Ruhmestat von meinem Vater und von Onkel!«

Bei dieser Bemerkung von Herrn Mörlin räusperte sich Louise laut. »Das kann ich mir von Onkel gar nicht vorstellen!« sagte sie fast gekränkt.

Herr Mörlin zuckte mit den Schultern: »Sie haben Onkel erst kennengelernt, als er sich schon von seinen Geschäften zurückgezogen hatte. — Aber lassen Sie mich fortfahren, es kommt noch schlimmer! Als ich die Hälfte der Diamanten für mich verlangte, erklärte Cäcilie, daß sie die Steine versteckt hätte. Das Versteck wollte sie mir um keinen Preis verraten. Vielmehr machte sie sich ein Vergnügen daraus, mich zu necken: Such sie doch! Wenn du sie findest, kannst du sie behalten. Aber das Versteck ist so gut, daß du sie nie finden wirst.«

»Und jetzt haben Sie die Diamanten gesucht. Warum haben

Sie sich eigentlich nicht schon früher dazu entschlossen?« warf Viktor ein.
»Seit dem schrecklichen Unglück mit Cäcilie scheute ich mich, die Villa zu betreten. Früher hatte ich es auch nicht nötig, danach zu suchen. Doch in letzter Zeit bekam ich einfach kein Engagement mehr — nicht einmal bei der unbedeutendsten Provinzbühne. Ich machte Schulden. Schließlich war meine Angst, das Geld nicht zurückzahlen zu können, größer als meine Furcht vor diesem Unglückshaus. Aber ich habe ein Anrecht auf die Diamanten. Sie sind nicht zuletzt schuld daran, daß mein Leben verpfuscht ist!«
»Haben Sie sie denn nun gefunden?« fragte Viktor betont ahnungslos.
»Eben nicht! Weiß der Teufel, wo Cäcilie sie versteckt hat!« Herr Mörlin schloß die Augen. Man sah es ihm an, wie sehr ihn die Erinnerung an Cäcilie quälte. Stockend, als koste es ihn eine große Überwindung, sprach er weiter:
»Dann geschah das Unglück. Ich war durch die Dachluke in die Villa eingestiegen, holte das Kostüm des Todes aus dem Schrank und zog es über. Ich wollte Cäcilie auflauern und sie mit der greulichen Maske so erschrecken, daß sie mir in der ersten Verwirrung das Versteck der Steine verriet. Wie ich über den Boden schlich und auf den Platz vor dem Turmzimmer treten wollte, sah ich Frau Debisch. Sie stand regungslos neben der Tür zum Treppenhaus und sah mit starrem Blick nach draußen, wo Cäcilie mit dem Rücken zu ihr über das Treppengeländer gebeugt stand. Ihr Gesicht hatte denselben abwesenden Ausdruck, mit dem sie oft mitten im Spiel aufhorchte und sagte: ›Tante hat mich gerufen.‹ Ich blieb stehen und beobachtete die beiden. Langsam und widerstrebend, aber wie unter einem unsichtbaren Zwang, lehnte sich Cäcilie weiter und weiter über das Geländer. Jeden Augenblick konnte sie hinunterfallen. Ich erwartete natürlich, daß Frau Debisch auf Cäcilie zuspringen und sie festhalten würde. Aber nichts geschah, Frau De-

bischs Blick bohrte sich in Cäcilies Nacken, als wollte sie sie mit den Augen hinunterstoßen. Eine schlimme Ahnung überfiel mich. Ich rief: Cäcilie! stürzte vor und wollte sie zurückreißen. Sie fuhr zusammen, sah mich in der Maske des Todes, schrie auf, und ich muß sie wohl so ungeschickt angepackt haben, daß sie den Halt verlor. Ich griff noch mit den Händen nach ihr, aber es war zu spät. Für den Bruchteil von Sekunden sah ich ihr entsetztes Gesicht, dann standen nur noch Frau Debisch und ich oben.«

Herr Mörlin verstummte. Viktor dachte mit Schaudern, daß ihm um ein Haar das gleiche Unglück mit Cora passiert wäre. Louise brach als erste das Schweigen. »Und was tat Frau Debisch?« fragte sie.

Herr Mörlin sah mit müdem Blick auf.

»Sie schrie mich an: ›Du hast sie hinuntergestoßen! Warum hast du sie erschreckt? Ich hätte schon rechtzeitig zugepackt. Aber das kommt von eurem verrückten Spiel!‹ Wir liefen hinunter. Cäcilie war tot. In mir war ein einziges, großes Entsetzen. Frau Debisch gab mir alle Schuld. Sie drohte mit den schlimmsten Strafen, mit lebenslänglichem Zuchthaus und sogar mit Tod durch Erhängen. Dann sagte sie, daß es nur einen Weg gäbe, mich zu retten: Wir müßten beide für ewig das Geheimnis von Cäcilies Tod in uns verschließen. Ich war so verwirrt und eingeschüchtert, daß ich auf alles einging. Später, als ich älter war und vieles besser durchschaute, wollte ich Onkel manches Mal über die wahren Hintergründe von Cäcilies Tod aufklären. Aber ich fand nie den Mut dazu. Auch hätte mir Onkel kaum geglaubt; denn er stand ganz unter dem Einfluß von Frau Debisch. Manchmal frage ich mich, ob Cäcilie am Leben geblieben wäre, wenn ich nicht dazugekommen wäre — aber das kann nur Frau Debisch beantworten. Für mich steht fest, daß es ihr fester, schlimmer Vorsatz war, Cäcilie in den Tod zu treiben. Mein Leben war von diesem Tag an verpfuscht. Den Schock, Cäcilie über das Geländer stürzen zu sehen, habe ich nie überwunden. Jetzt bin ich schon so weit, daß ich vor einer Puppe ausreiße und mir dabei das Bein breche. Nachdem mich Viktor im Kaminspiegel entdeckt hatte und ich durch den Aufzugsschacht entkommen war, rief ich nur deshalb in eurer Wohnung an, weil ich hören wollte, ob er noch lebte. Ich hatte Angst, Viktor könnte vor Schreck einen Herzschlag bekommen haben. Bei dem Pech, das ich immer habe, hätte mich das nicht gewundert.«

»Trotzdem sind Sie wiedergekommen«, bemerkte Louise spitz.

Herr Mörlin machte eine bedauernde Handbewegung: »Es tut mir leid. Doch ich konnte nicht anders. Um leichter ins Haus gelangen zu können, ließ ich mir von Viktors Schlüsseln Nachschlüssel machen. Herr Opitz hat sie zurechtgefeilt, doch wußte er nicht, daß es die Schlüssel zu dieser Wohnung waren. Es waren nämlich nicht allein die Diamanten, deretwegen ich wiederkam. Als Viktor mich im Kaminspiegel sah und ich hinter dem Vorhang verschwand, erinnerte mich das derart an meine Spiele mit Cäcilie, daß es mich mit unwiderstehlicher Gewalt zog, die Räume wieder aufzusuchen, wo wir so oft zusammen waren. Ich verstehe mich selbst nicht mehr . . . Es tut mir aufrichtig leid!«

Es herrschte langes Schweigen, nachdem Herr Mörlin geendet hatte. Niemand mochte ihn verurteilen, Cäcilie vorsätzlich in den Tod getrieben zu haben. Ebensowenig konnte man zu Frau Debisch gehen und sie des Mordes an Cäcilie bezichtigen; dafür hatten sie nicht genügend Beweise. Für Viktor stand es allerdings unverrückbar fest, daß Frau Debisch die Schuld an Cäcilies Tod traf. Und er glaubte auch, daß sie Onkel in den Tod getrieben hatte.

Am folgenden Tag kehrten Herr und Frau Laroche aus ihrem Urlaub zurück. Viktor übergab seinem Vater Cäcilies Tagebuch und die Diamanten. Das Tagebuch verschloß Herr Laroche in seinem Tresor. Von den Verdachtsmomenten gegen Frau Debisch wollte er allerdings nichts hören. Das seien

Dinge, die niemand beweisen könne. Die Diamanten übergab er der Polizei. Das Landhaus und die Villa wurden verkauft. Mit dem Geld, das sie dafür bekamen, konnten gerade Onkels beträchtlich angewachsene Schulden getilgt werden. Es trat ein, was Herr Laroche vorausgesagt hatte: Für Frau Debisch blieb kaum etwas übrig. Bald darauf zog die Familie Laroche aus der alten Villa in Berlin-Charlottenburg aus. Frau Laroche wollte keinen Tag länger als nötig in der Unglücksvilla wohnen. Zu seinem einundzwanzigsten Geburtstag erhielt Viktor von seinem Vater Cäcilies Tagebuch zurück. Er war gleich nach dem Schulabschluß in den Polizeidienst eingetreten und galt mit seinen jungen Jahren bereits als einer der erfolgreichsten Kriminalbeamten. Bald wurde er in das Sonder-Dezernat für unaufgeklärte Verbrechen versetzt, wo er schnell den Ruf errang, »Spezialist« für besonders undurchsichtige Fälle zu sein. Cäcilies Tagebuch aber steht heute noch an erster Stelle in der Sammlung seiner Erinnerungsstücke.

Jan Prochàzka
Lenka

Aus dem Tschechischen von Peter Vilimek
Leinen, 128 Seiten, 2. Auflage

Edith Schindler illustrierte mit 28 ganzseitigen Bildern die Geschichte von Lenka, dem zwölfjährigen Mädchen aus Böhmen, das keiner versteht, und ihrer Freundschaft zu dem Hengst Prim, den niemand zähmen kann.

»Das ist knapp, nicht ohne Wärme erzählt, und es hat so wenig einen Schluß, wie das Leben einer Zwölfjährigen zu Abschlüssen kommt. Ein Buch, von dem man wünscht, daß es viele Mädchen lesen werden.«

DIE ZEIT

DEUTSCHER JUGENDBUCHPREIS

1969 Jan Prochàzka

Es lebe die Republik

Aus dem Tschechischen von Peter Vilimek.

Hier wird erzählt, was Olin, der zwölfjährige Junge aus Mähren, im Kriege erlebt und wem er auf seiner Suche nach Rat und Hilfe begegnet.

244 Seiten, Leinen, 14,— DM, 3. Auflage

1970 Wilfried Blecher / Wilfried Schröder

Kunterbunter Schabernack

Ein Durcheinanderbilderbuch zum Scherzen, Spielen, Raten und Verulken gleichermaßen geeignet für Kinder und Erwachsene. 20 vierfarbige Bildtafeln richtig durcheinandergeblättert ergeben 8000 lustige Figuren und ebenso viele Neckreime.

Celloph. Pappband, 12,— DM, 67. Tausend

1971 Luděk Pešek

Die Erde ist nah

Aus dem Tschechischen von Adolf Langer.

Etwa 1000 Tage dauert die Expedition, die eine Gruppe Astronauten zum Mars unternimmt. In erzählerischer Form hat der Autor ein Stück Wirklichkeit von morgen geschaffen.

224 Seiten, Leinen, 15,— DM, 2. Auflage

Zahlreiche weitere Titel auf der Bestliste zum Deutschen Jugendbuchpreis

Georg Bitter Verlag

435 Recklinghausen Postfach 248